왜 유명한 거야, 이 도시?

우리학교 어린이 교양
왜 유명한 거야, 이 도시?

초판 1쇄 펴낸날 2024년 1월 18일
초판 2쇄 펴낸날 2025년 5월 16일

글	박정은
그림	시은경
펴낸이	홍지연
편집	홍소연 고영완 이태화 이수진 김신애
디자인	이정화 박태연 정든해 이설
마케팅	강점원 최은 신예은 김가영 김동휘
경영지원	정상희 배지수
펴낸곳	(주)우리학교
출판등록	제313-2009-26호(2009년 1월 5일)
제조국	대한민국
주소	04029 서울시 마포구 동교로12안길 8
전화	02-6012-6094
팩스	02-6012-6092
홈페이지	www.woorischool.co.kr
이메일	woorischool@naver.com

ⓒ박정은, 시은경, 2024

ISBN 979-11-6755-237-2 73980

- 책값은 뒤표지에 적혀 있습니다.
- 잘못된 책은 구입한 곳에서 바꾸어 드립니다.
- 본문에 포함된 사진은 가능한 한 저작권과 출처 확인 과정을 거쳤습니다.
  그 외 저작권에 관한 사항은 (주)우리학교로 연락 주시기 바랍니다.

만든 사람들
편집	염미희
디자인	골무

왜 유명한 거야, 이 도시?

박정은 글 시은경 그림

동물 특파원들이 소개하는 세계의 도시

어느 날 사회 시간에 선생님이 말씀하셨다.
"다음 주부터 '아름다운 도시 소개하기' 프로젝트가 있어요.
모두 돌아가면서 발표할 거니까 미리 준비하세요."
"우리나라에서 찾는 거예요?"
"우리나라도 좋고, 전 세계의 어떤 도시라도 좋아요. 좋아하거나
가 보고 싶은 곳, 유명한 도시를 찾고, 왜 그 도시가 좋은지,
거기서 무엇을 하면 좋은지 소개하면 돼요."
나는 집으로 돌아와 컴퓨터를 켜고 화면 가득 세계 지도를
띄워 놓았다. 나라 이름은 많이 알아도 도시는 아는 곳이
별로 없었다. 아는 도시도 몇 개 없는데, 어떤 도시를 어떻게
소개하지?

그때 책상 위로 인절미가 뛰어 올라왔다. 인절미는 우리 집에
사는 고양이다. 털 색깔이 연한 노란색이라서 이름이 인절미다.
인절미는 키보드를 배로 깔고 누워 버렸다.
"인절미, 방해하지 마! 나 숙제해야 해."

"숙제? 무슨 숙제? 나랑 놀자."
"유명한 도시를 조사해서 발표해야 하는데, 어떤 도시가 좋을지
모르겠어."
"내가 도와주면 나랑 놀아 줄래?"
"네가 어떻게 도와?"

"집사들이 다 학교 가고 회사 가면, 내가 뭘 할 것 같아?"

"집에서 낮잠 자는 거 아니었어?"
"아직 나를 잘 모르는군! 집사들이 나가면 나는 컴퓨터를 켜고 전 세계에 사는 친구들과 온라인으로 만나. 이래 봬도 내가 인기가 많다고. 가까운 중국부터 저 멀리 남아메리카까지, 내 특파원 친구들이 세계 곳곳에 산다니까! 자, 이제부터 세계 여러 도시의 친구들을 소개해 줄 테니, 은수 네가 알고 싶은 도시를 찾아봐. 야옹!"

내가 좀 도와줄까?

차례

동물 특파원들이 소개하는 세계의 도시 __8

1. 세계의 유행이 시작되는 곳 파리 __13
우리 도시 유명 축제 : 음악 축제, 페트 드 라 뮈지크 __25

2. 역사와 유적의 도시 로마 __27
우리 도시 유명 축제 : 로마의 생일 축제, 나탈레 디 로마 __39

3. 모험이 시작된 도시 바르셀로나 __41
우리 도시 유명 축제 : 성모 마리아를 기리는 라 메르세 __52

4. 고대 이집트 문명을 간직한 도시 카이로 __55
우리 도시 유명 축제 : 태양을 맞이하는 아부심벨 축제 __68

5. 슬픔을 간직한 자유와 예술의 도시 뉴욕 __71
우리 도시 유명 축제 : 메이시스 추수 감사절 행진 __82

6. 가우초와 탱고의 도시 **부에노스아이레스** _85
우리 도시 유명 축제 : 모두가 즐기는 탱고 축제 _102

7. 대자연이 살아 숨 쉬는 해양 도시 **시드니** _105
우리 도시 유명 축제 : 아름다운 새해 전야제 _119

8. 과거와 미래가 공존하는 도시 **두바이** _121
우리 도시 유명 축제 : 이슬람의 큰 명절, 이드 알 아드하 _134

9. 거대한 황제의 도시 **베이징** _137
우리 도시 유명 축제 : 중국의 봄 축제, 춘지에 _150

10. 천년 수도의 역사를 간직한 도시 **경주** _153
우리 도시 유명 축제 : 볼거리가 많은 신라 문화제 _168

세계의 더 많은 도시를 알고 싶어 _170

나라 : 프랑스
언어 : 프랑스어
화폐 : 유로 (1유로는 약 1,600원)
*2025년 5월 기준

1
세계의 유행이 시작되는 곳
파리

"안녕, 사르트르."
화면 속에 회색빛의 근엄해 보이는 고양이가 앉아 있다.
사르트르는 인절미한테 자초지종을 듣더니 말했다.
"유명한 도시라면 당연히 파리지!"
"파리가 왜 유명한 거야? 에펠탑 때문인가?"
"나를 따라오면 알게 될 거야. 지금부터
파리가 얼마나 멋진 도시인지 보여 줄게."
사르트르가 주섬주섬 바디캠 조끼를 입고 거리로 나섰다.

철도 이렇게 아름다울 수 있다니!

"저기 보이는 게 에펠탑이야. 이름이 왜 에펠인 줄 알아? 만든 사람 이름이 바로 귀스타브 에펠(Gustave Eiffel, 1832~1923)이기 때문이야. 에펠탑은 국가 행사를 위해 잠깐 만들었다가 철거할 예정이었대. 그 행사는 1889년 '프랑스 혁명 100주년 기념'으로 파리에서 열린 세계 박람회야."

"박람회? 요즘 말로 세계 엑스포 같은 건가?"

"맞아. 세계 여러 나라가 참가해 자기 나라의 고유문화를 알리고 산업 물품을 전시하는 행사지. 1851년 런던에서 처음 시작해 파리에서도 자주 열렸어. 영국에서 세계 박람회가 시작된 건 산업 혁명과 관련이 있어. 영국에서 시작된 산업 혁명으로 건축 재료도 규격화된 대량 생산이 가능해졌거든. 그동안 건축은 돌과 나무를 이용해 수십 년 동안 한 땀 한 땀 천천히 만들 수밖에 없었어. 그런데 철과 콘크리트를 이용해 엄청 빠르게 만들 수 있게 된 거야."

"프랑스도 그런 건물을 만들고 싶었겠는걸?"

건축가 귀스타브 에펠의 흉상

파리의 상징, 에펠탑

"그렇지. 영국과 경쟁 관계였던 프랑스는 영국을 뛰어넘을 수 있는 건물을 짓기 위해 공모전을 열었어. 그때 당선된 사람이 바로 귀스타브 에펠이야. 에펠은 이미 철로 다리를 짓고, 1885년에 뉴욕의 자유의 여신상 구조를 설계하기도 해서 철에 대한 확신과 자신감이 대단했어. 그래서 철로 높은 건물을 만드는 것을 제안했지."

"당시 기술로 에펠탑처럼 높은 건물은 짓는 게 쉽지 않았겠어."

"맞아. 바람에도 견뎌야 하고 무너지지 않게 안정적으로 만들어야 하니까. 꼬박 2년 만에 324미터의 철탑이 세워졌어. 파리 시민들 모두가 공사가 진행되는 모습을 볼 수 있었어. 파리는 굉장히 평평한 도시거든. 그런데 에펠탑이 올라가는 광경을 보고 사람들은 불평하기 시작했어. 아름다운 파리를 망치는 흉물스러운 고철 덩어리라고, 당장 철거해야 한다고 시위까지 했다니까."

"정말? 너무 낯설어서 그랬을까?"

"그럴 수도 있지. 너무 다른 풍경이었을 테니까. 하지만 1889년의 파리 세계 박람회는 에펠탑 덕분에 성공리에 마무리됐어. 사람들은 철도 이렇게 아름다울 수 있다는 사실에 감탄했지. 또 에펠탑 위에서 바라보는 파리의 아름다운 전망도 사람들의 마음을 바꾸어 주었어. 프랑스의 유명한 소설가인 모파상처럼 끝까지 에펠탑의 철거를 주장한 사람도 있었지만, 대부분은 인정하고 말았어. 이제는 '철의 시대'가 시작되었다는 것을."

"재밌다. 지금은 에펠탑이 없는 파리는 아무도 상상할 수 없을 거야."

"현대의 큰 건축물은 대부분 철을 기반으로 하고 있어. 에펠탑은 철의 시대를 대중들에게 알린 역사적인 건축물이야. 100년이 훌쩍 넘은 지금도 그 자리에 우뚝 서 있으니 두말할 것도 없지. 지금 에펠탑은 모두가 인정하는 파리의 상징이야."

바게트 빵이 인류 무형 문화유산이라고?

"파리에 왔다면 바게트를 직접 먹어 볼 수 있을 텐데 너무 아쉽다. 바게트는 한국의 밥이랑 비슷해."

"그럼 아주 오래전부터 먹은 빵이겠네?"

"바게트에 대한 기록은 의외로 길지 않아. 1920년 '바게트'라는 이름이 문서에 처음 사용됐으니까. 물론 1920년 이전에도 프랑스의 긴 빵에 대해 말하는 여행자들의 기록이 남아 있긴 해."

"그런데 왜 모양을 길쭉하게 만들었을까?"

"긴 빵을 만들게 된 데는 다양한 이야기가 전해져. 오스트리아 제빵사가 가져온 달콤하고 긴 빵이 프랑스화되었다는 이야기, 나폴레옹이 전쟁 때 휴대하기 편한 빵을 만들라고 해서 생겼다는 이야기가 있어. 또 식사용 큰 빵을 자르기 위해 사람들이 칼을 가지고 다녔는데, 메트로(지하철) 안에서 위험한 일이 자주 생기자, 메트로 회사에서 손으로 뜯을 수 있는 빵을 만들어 달라 요구했다는 이야기도 있지. 마지막 한 가지가 있는데, 빵은 발효 시간이 필요해서 제빵사들이 밤을 새워야 하는 일이 많았대. 그래서 제빵사들이 쉴 수 있게 밤 10시에서 다음 날 새벽 4시까지 일하지 않는 법을 만들었는데, 이에 맞춰 세 시간 안에 만들 수 있는 빵을 고민하다 얇고 길쭉한 빵이 만들어졌다는 거야."

"바게트의 전설이 다양하네!"

"바게트의 전통을 지키려는 프랑스인들의 자부심은 대단하단다. 그래서 바게트는 엄격한 기준에 따라 만들어지고 있어. 오직 밀가루, 물, 소금, 효모만으로 만들어야 하고, 길이는 50~55센티미터, 무게는 250~300그램이어야 해."

"아, 그래서 모든 빵집에서 파는 바게트가 비슷한 크기구나."

"1944년부터 매년 파리에서는 바게트 대회가 열려. 1등을 한 빵집은 대통령이 있는 엘리제궁에 1년 동안 빵을 납품하는 전통이 있

밀가루, 물, 소금, 효모만으로 만드는 바게트

지. 또 2022년에는 '바게트 빵의 장인 정신과 문화'로 유네스코 인류 무형 문화유산에 등재되었어."

"대단하다! 프랑스에서 1유로면 살 수 있는 바게트가 이런 많은 이야기를 품고 있다는 걸 아는 사람은 얼마나 될까? 바게트를 계속 보고 있으니까 배고프다."

"나도 슬슬 배가 고프니 바게트 샌드위치를 하나 먹어야겠어."

명품의 도시, 파리

"세계에서 가장 유명한 명품 회사인 루이 뷔통 들어 봤니?"

"들어 봤어. 백화점에도 있잖아. 그게 프랑스 회사였어?"

"응. 파리는 명품 패션으로도 유명한 도시야."

"그런데 루이 뷔통은 언제부터 생겨난 거야?"

"루이 뷔통(Louis Vuitton, 1821~1892)은 사실 사람 이름이야. 1800년대에 파리에서 여행용 가방을 만들던 사람이지. 당시 프랑스를 다스리던 사람은 나폴레옹 3세였는데 그의 아내였던 외제니 황후는 패셔니스타였어. 하루에 세 번이나 옷을 갈아입고 한 번 입은 옷은 다시는 입지 않았대. 많은 사람이 황후의 옷 스타일을 따라 하고 싶어 했어. 당시 여성들이 입는 옷은 풍성하고 긴 드레스였으니 황후가 한 번 여행을 떠날 때면 어마어마한 짐 가방이 필요했겠지? 그때 루이 뷔통은 짐을 싸는 전문 일꾼이었어."

"짐 싸는 사람이 따로 필요할 정도였구나."

"여행 갈 때 짐 싸 봤지? 많은 짐을 싸는 게 쉬운 일이 아냐. 특히 드레스는 부피가 엄청났으니 전문가가 필요했어. 루이 뷔통은 알맞은 가방을 제작해서 효율적으로 짐을 잘 쌌어. 황후의 신임을 얻은 루이 뷔통은 나중에 파리에 '루이 뷔통 말티에르'라는 가게를 열었지. '말티에르'는 가방 만드는 사람이라는 뜻이야."

"프랑스 황후의 여행 가방을 만드는 곳이니 많은 사람이 몰려들었겠네."

"맞아. 그 전까지 여행 가방으로 쓰는 트렁크는 엄청 무거운 데다가 볼록한 모양이었대. 그런데 루이 뷔통은 가볍고 평평한 직사각형 모양의 트렁크를 만든 거야. 짐이 많을 때 차곡차곡 쌓을 수 있게 말이야."

"요새 우리가 흔히 쓰는 트렁크 모양이네!"

"맞아. 그걸 최초로 만든 사람이 바로 루이 뷔통이야. 주문한 사람의 생활 습관이나 기호에 맞춰 장인들이 하나하나 수작업으로 만들었으니 명품이라고 부른 거야. 지금도 그런 방식으로 주문 제작을 하고 있어."

"그래서 명품이라고 하는구나."

"지금 우리가 흔히 입는 옷이 명품에서 온 경우가 많아. 예를 들어 파리의 패션 디자이너였던 코코 샤넬은 당시 여성의 몸을 조이는 불편한 옷에서 벗어나 편한 옷을 만들어 유행시켰는데, 그게 요즘 옷과 거의 비슷해. 역시 패션 디자이너였던 이브 생로랑은 여성을 위한 턱시도를 만들어 사람들을 놀라게 했어. 지금은 누구나 바지를 입지만 그때는 여자가 바지를 입는 게 이상한 일이었거든. 또 이브 생로랑은 대량 생산되는 기성복을 선보였는데 당시 패션계에는 혁명 같은 일이었지. 이렇게 명품 패션 브랜드의 디자이너들은 획기적

인 변화를 꾀해 현대 패션의 큰 틀을 만들었어."

"그러고 보니, 파리에서 시작해 세계로 뻗어 나간 유행이 많네!"

"아, 벌써 시간이 이렇게 됐네. 낮잠 잘 시간이 지났잖아. 오늘 파리 소개는 여기까지야."

"정말? 아쉽다."

"어때? 파리가 왜 유명한지 알겠지?"

"정말 굉장해! 사르트르 덕분에 파리에서 살아 보고 싶어졌어. 인절미, 숙제는 파리로 할까?"

"아직은 아니야, 다른 도시 이야기도 들어 봐야지."

우리 도시 유명 축제

음악 축제, 페트 드 라 뮈지크

오늘은 엄청 시끄러운 날이야. 프랑스어로 페트 드 라 뮈지크(Fête de la Musique)라고 부르는 음악 축제의 날이거든. 프랑스 전역에서 1년에 단 한 번, 6월 21일에 열려. 6월 21일은 24절기 중 하지로, 1년 중 낮이 가장 긴 날이야. 그러니 밤늦게까지 음악을 즐기기에 딱이겠지? 음악 축제는 1982년부터 시작되어 지금까지 이어지고 있어.

파리에서는 미술관, 공원, 카페, 생 마르탱 운하, 센강, 몽마르트르 거리 등 사람들이 모이는 모든 장소에서 다양한 공연이 열린단다. 해 질 무렵 공원에서 듣는 연주가 얼마나 아름다운지 몰라. 재미있는 건 전문가들만 음악을 즐기는 행사가 아니라는 거야. 평범한 사람들도 집에서 사용하던 악기를 가지고 나와 길에서 마음껏 연주하거든. 리코더, 캐스터네츠, 바이올린, 기타, 심지어 국자와 냄비도 괜찮아! 잘못해도, 마음대로 연주해도 누구에게나 환영받는 날이야.

음악 축제는 유럽의 여러 나라로 퍼져 나가 지금은 다른 나라에도 비슷한 축제가 많이 생겼어. 하지만 이 멋진 음악 축제는 바로 프랑스에서 시작되었다는 걸 꼭 기억해 줘.

거리에서 악기를 연주하는 사람들

나라 : 이탈리아
언어 : 이탈리아어
화폐 : 유로 (1유로는 약 1,600원)
*2025년 5월 기준

2
역사와 유적의 도시
로마

"오늘 소개할 내 친구는 트러플, 그러니까 송로버섯을 찾는 개야.
그래서 트러플독이라고 불러."
"버섯을 찾는 개라고?"
화면을 켜자 갈색과 흰색 털이 보글보글한 강아지가 나타났다.
"차오! 벨라, 잘 지냈어? 내 집사에게 로마 좀 소개해 줄 수 있지?"
"그럼! 밖에 나갈 생각에 너무 신나. 자, 따라와."
벨라가 반질반질 네모난 돌이 깔린 골목으로 달려 나갔다.
금세 골목이 사라지고 탁 트인 공간이 나왔다.
벨라는 작은 분수에 올라 물을 짭짭 마셨다.

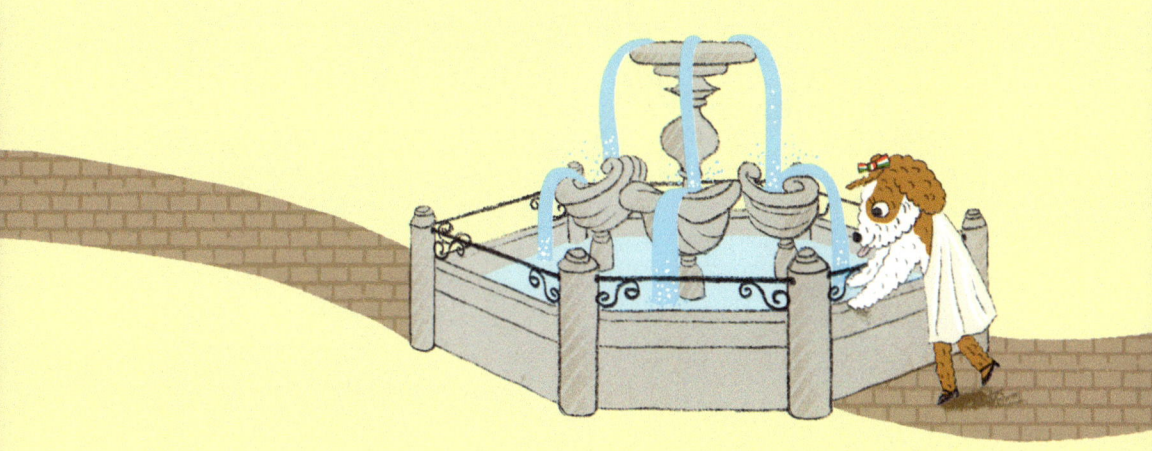

쌍둥이 형제가 건국한 로마

"한국에도 건국 신화가 있지?"

"응, 우리나라에는 단군 신화가 있어."

"로마에도 있어. 전쟁의 신 마르스가 왕의 외동딸 실비아 사이에서 쌍둥이 아들을 낳았어. 그 뒤 왕위를 빼앗은 실비아의 친척은 자신의 자리를 쌍둥이에게 빼앗길까 두려워했지. 그래서 실비아에게 쌍둥이를 테베레강에 버리라고 했어. 실비아는 차마 그러지 못하고 여물통에 쌍둥이를 넣어 강물에 띄워 보냈는데 무화과나무에 걸려 구사일생으로 살게 된 거야. 쌍둥이는 늑대의 젖을 먹고 자랐고, 결국 나중에 로마를 건국하게 돼."

자기가 젖을 준 인간이 로마를 만들 거라 상상이나 했을까?

나중에 어미 늑대는 로마를 상징하게 되었단다.

"아! 늑대 젖을 먹고 자란 쌍둥이 이야기 들어 본 것 같아."

"쌍둥이 형제의 이름은 로물루스와 레무스였고, 이 둘이 로마를 건국한 팔라티노 언덕이 지금 내가 서 있는 곳이야. 이 언덕에 '로물루스의 집'이 실제로 있어."

"벨라가 서 있는 곳이 바로 로마가 시작된 곳이구나."

로마를 즐기려면 상상력이 필요해

"여기는 포로 로마노야. 로마에서 가장 오래된 지역이지. 포로 로마노 주변에는 일곱 개의 언덕이 있는데 모두 테베레강의 동쪽에 있어. 고대 로마에서 주거지는 언덕 위에 건설되었거든. 기원전 4세기 초에는 이 일곱 개의 언덕을 방어하는 세르비아누스 성벽이 만들어지기도 했어. 이 언덕으로 둘러싸인 곳이 바로 포로 로마노야. 자연스럽게 사람들은 이곳으로 모여들었고, 로마 시대의 정치, 경제, 종교의 중심지가 된 거야."

사실 눈에 보이는 모습은 돌무더기와 기둥뿐이어서 아무 느낌도 들지 않았다. 대꾸가 없자 벨라가 말했다.

"로마를 제대로 즐기려면 상상력이 필요해! 기둥만 남아 있는 저 신전의 옛 모습을 상상해 봐. 신전으로 들어가기 위해 제물을 들고 줄을 서 있는 사람들이 있겠지. 물건을 파는 시장도 있고 말이야. 한

곳에서는 로마인들이 모여서 토론을 하고, 원로원에서 중요한 결정을 한 사람들이 나오고 있을 거야."

나는 벨라 말대로 상상을 해 보았다.

"전쟁의 승리를 기념하는 건축물인 개선문을 통과하는 로마 군대도 상상해 봐. 고대 로마 제국은 지금으로부터 2,800여 년 전에 생겨난 나라야. 로마는 이탈리아에서 시작해 힘을 키운 다음 유럽 대륙과 지중해를 정복하고 북아프리카와 페르시아 지역까지 지배했던 강력한 고대 국가였어. 아주 오래 전이라 남아 있는 모습이 얼마 없지만 말이야."

미켈란젤로가 만든 완벽한 광장

"포로 로마노를 가장 잘 볼 수 있는 곳은 캄피돌리오 언덕이야. 캄피돌리오는 일곱 개의 언덕 중에서 가장 신성한 공간으로 여겨져. 로마 신화의 최고신인 유피테르(주피터)와 유노(주피터의 아내)의 신전이 있었지. 16세기에 미켈란젤로(Michelangelo Buonarroti, 1475~1564)는 궁전이 광장을 감싸는 모습으로 이곳을 설계했어. 오

시스티나 성당의 벽화 〈최후의 심판〉

늘날까지 완벽하게 아름다운 광장과 건물이라는 찬사를 받고 있지. 그런데 미켈란젤로에 대해 들어 본 적 있어?"

"이탈리아의 천재 화가 아니야?"

"미켈란젤로는 원래 조각가였어. 인간의 아름다움을 완벽하게 표현한 〈다비드〉와 예수님을 안고 있는 성모 마리아를 조각한 〈피에타〉가 미켈란젤로의 대표적인 조각 작품이야."

"그렇구나."

"미켈란젤로가 교황의 의뢰를 받고 태어나 처음으로 그린 벽화가 바로 시스티나 성당의 〈천지창조〉야. 정말 말이 필요 없는 걸작이지. 그때 나이가 서른일곱 살이었대. 천재 맞지? 그리고 또 다른 교황의 의뢰를 받고 60대에 그린 〈최후의 심판〉은 죽기 전에 꼭 봐야 할 작품이기도 해."

로마 제국의 빛과 그림자, 콜로세움

"여기는 로마의 베스파시아누스 황제 때 만들기 시작해 아들인 티투스 황제 때에 완성된 경기장이야. 타원형으로 가로가 188미터, 세로가 156미터, 48미터 높이의 4층으로 이루어져 있어. 로마 제국 시대에 만들어진 경기장 중에 가장 크고 5만 명에서 최대 8만 명이나 들어갈 수 있어."

"8만 명이라고? 우아, 정말 크다."

"이 경기장은 입장료도 없고 점심과 포도주까지 제공되었어. 햇볕이 뜨거운 날에는 배의 돛으로 만든 천막으로 그늘을 만들어 줬지."

"입장료랑 점심이 공짜라고? 왜 그렇게 한 거야?"

"사람들의 불만을 잠재워 쉽게 로마를 다스리려고 그런 거야. 공짜 공연에 밥과 술까지 주면 많은 사람이 보러 오겠지? 그리고 이 자리에서 결투 장면을 보며 응원하다 보면 하나가 되는 거지."

"여기에서는 어떤 경기가 열렸어?"

"검투사들끼리 싸우기도 했고, 검투사와 노예들이 싸우기도 했고, 검투사가 사자나 호랑이와 싸우기도 했어. 콜로세움이 문을 열었을 때는 100일 동안 성대한 기념 행사가 열렸는데 이때 죽임을 당한 동물의 수가 9,000마리가 넘었대."

"으악. 정말 끔찍하다. 요즘 그런 일이 벌어진다면 엄청난 비난과

콜로세움 안쪽

반대에 부딪혔을 거야."

"맞아. 하지만 당시에는 동물의 생명을 존중하지 않았어. 심지어는 경기 중에 사람을 죽이기도 했어. 때때로 죽이기 전에 경기를 보러온 관중이나 황제에게 의견을 묻기도 했지. 그들이 엄지를 세우면 그 사람은 살 수 있었어. 노예는 물론이고, 많은 기독교인이 검투장에서 희생되었어. 로마 시대에는 여러 신들을 믿던 때라 기독교가 탄압받았거든."

벨라가 이야기를 하며 경기장 안으로 들어갔다.

"어? 바닥이 평평할 줄 알았는데, 바닥이 뚫려 있고 미로처럼 벽이 있네? 왜 이런 거야?"

"경기장 바닥의 아래 모습이라서 그래. 경기장 바닥의 아래쪽에는 이렇게 사람들이 걸어 다니는 통로가 있었어. 통로 위에 두꺼운 나무판을 대어 평평하게 한 뒤에 모래와 흙을 깔았지. 사자나 호랑이를 투입할 때는 엘리베이터를 이용해 아래에서 위로 올려 보냈대."

"아! 요즘 공연장에서 가수들이 올라오는 것처럼?"

"맞아. 어떤 날은 수중전을 하기도 했어."

"수중전이라고?"

"말 그대로 물 위에서 벌어지는 전투야. 로마인들은 토목 공사에 뛰어난 재능이 있었는데, 수로나 도로 공사, 건축에 뛰어났지. 수로에서 물을 연결해 경기장을 채우고 바닥이 평평한 배를 띄워 실제로 전투 경기를 벌였어."

"이 넓은 곳에 물을 채우다니, 상상이 안 돼."

"당시 로마인들은 뭐든 할 수 있다고 믿었고, 실제로 뭐든지 해냈어. 그러나 476년에 서로마제국이 멸망하면서 콜로세움은 잊혀져 갔어. 콜로세움 앞에는 네로 황제의 청동상도 있었는데, 그걸 녹여 다른 걸 만드는 데 썼지. 중세 시대에는 콜로세움이 교회로나 요새로 쓰이기도 했어. 그리고 다른 건축물을 짓는 데 돌을 하나둘씩 빼가다 보니 현재의 모습으로 남게 된 거야."

"왠지 쓸쓸하다."

"아무리 크고 대단한 나라라도 결국 멸망하면 잊혀지는 것 같아. 그래도 그때의 유적을 보려고 전 세계 관광객들이 모이는 걸 보면 로마 제국이 얼마나 대단했는지 알 수 있지."

스페인 계단과 트레비 분수

"여기는 스페인 계단이야. 핸드폰이 없던 옛날에 많은 사람들이 약속 장소로 이용했던 곳이야. 지금도 사람들이 많이 찾아와. 여기서 영화도 촬영하고, 패션쇼 런웨이로도 사용했지."

"어쩐지. 어디서 많이 본 것 같다 했어."

"무엇보다 인간들은 스페인 계단에 앉아 아이스크림이나 피자를 먹으며 다른 인간의 모습을 보는 걸 가장 재밌어하는 거 같아. 혹시 트레비 분수 들어 봤어?"

"들어 봤어. 동전을 던지고 소원을 비는 분수 아니야?"

"맞아. 분수를 등 뒤에 두고 던지는데, 한 번 던지면 로마에 다시 올 수 있고, 두 번 던지면 평생 인연을 만나고, 세 번 던지면 간절한 소원이 이루어진대."

"많은 사람들이 찾아와 동전을 던질 테니, 분수 안에는 동전이 정

많은 사람들이 찾는 스페인 계단

말 많겠다."

"맞아. 1년에 150만 유로(약 21억 원)나 된다고 하니 정말 큰돈이야. 그런데 분수 안에 있는 동전을 일반인이 주워 가는 것은 불법이야. 로마시는 아침마다 동전을 수거해서 가난한 사람들을 위해 사용하고 있어."

"동전이 좋은 곳에 쓰이고 있구나. 더 많은 사람이 소원을 빌었으면 좋겠다."

우리 도시 유명 축제

로마의 생일 축제, 나탈레 디 로마

매년 4월 21일은 로마의 생일날이야. 이곳에서는 나탈레 디 로마(Natale di Roma)라고 불러. 기원전 753년 팔라티노 언덕에서 늑대 젖을 먹고 자란 로물루스와 쌍둥이 동생 레무스가 로마를 건국했잖아. 벌써 2,800여 년 전의 이야기이지만 지금도 사람들은 매년 로마의 탄생일을 큰 축제로 기리고 있어. 축제 날이 되면 로마 시대 복장의 사람들이 행진하고, 검투사들의 칼싸움 장면을 재현해 내는 등 다양한 행사를 열어. 주요 광장과 거리에서 무료 공연과 음악회 등의 다양한 문화 행사를 진행해서 볼거리가 많아.

로마의 생일 축제는 로마에 사는 시민들에게는 정체성과 자부심을 심어 주고, 관광객들에게는 로마의 역사와 문화를 생생히 느끼게 해 주는 의미 있는 날이라고 할 수 있어.

로마 시대를 재현하는 행진

나라 : 스페인

언어 : 스페인어

화폐 : 유로 (1유로는 약 1,600원)

*2025년 5월 기준

3
모험이 시작된 도시
바르셀로나

"올라! 페르난도, 나 인절미야."
"시에스타 시간에 웬일이야?"
"낮잠 자고 있었구나. 미안! 내 집사랑 인사해."
"미야옹, 반가워. 네 얘기는 많이 들었어."
"페르난도, 나 좀 도와줘."
"뭘 도와줄까? 나의 친구."
"두 시간 동안만 내 집사에게 네가 사는 도시를 보여 주면 돼."
"별것 아니네. 우리 집 창문은 항상 열려 있거든."
페르난도는 창문으로 뛰어올랐다.
거대한 황토색 성당이 눈을 사로잡았다. 신이 난 페르난도가
그르렁대기 시작했다.
"난 바르셀로나의 무법자,
페르난도지. 날 방해할 것은
아무것도 없다네."

가우디의 걸작, 사그라다 파밀리아

"빠라밤! 이곳을 본다면 바르셀로나야말로 최고의 도시라고 생각할 거야."

하지만 화면으로는 사람들의 다리밖에 보이지 않았다.

"페르난도, 뭘 보라는 거야?"

"앗, 내가 벌렁 누워야 이 건물이 제대로 보이겠지? 자, 이곳은 바르셀로나에서 나고 자란 세뇨르 가우디(Antoni Gaudi, 1852~1926)의 걸작, 사그라다 파밀리아 대성당이야. 어때? 꼭대기까지 보이니?"

그제야 아슬아슬하게 성당의 꼭대기까지 보였다.

"우아, 멋지다!"

사그라다 파밀리아 대성당

탄생의 문   수난의 문

영광의 문은 나중에 완성되면 보여 줄게.

 "자, 이제 한 바퀴 돌면서 이곳을 설명해 줄게. 파밀리아 대성당의 바깥쪽에는 예수의 탄생부터 죽음까지를 주제로 한 세 개의 문이 있어. 탄생의 문, 수난의 문, 그리고 영광의 문이야. 관광객들이 들어가는 입구는 예수의 탄생 이야기를 담은 '탄생의 문'이지. 세 개의 문 위에는 각각 네 개의 종탑이 있어. 다 합해서 열두 개인데, 이는 예수의 열두 제자를 의미해. 여기에 예수와 성모 마리아, 복음서를 쓴 네 명(마태오, 마르코, 누가, 요한)을 상징하는 여섯 개의 탑이 더해져 성당에는 총 열여덟 개의 탑이 세워지게 될 거야."

 "세워지게 될 거라고? 그럼 아직도 짓고 있는 중이야?"

 "응. 아직 미완성이야. 가우디는 1882년부터 성당을 짓기 시작했어. 독실한 가톨릭 신자였던 가우디는 성당 곳곳을 가톨릭교의 상징적인 글자와 문양들로 채웠어. 그런데 맨 처음 탄생의 문을 완성하고 얼마 지나지 않아 가우디는 달리는 전차에 치여 사망하고 말았어. 가우디가 워낙 검소하게 살았던 탓에 사람들은 그를 노숙자라 여기고 병원에 데리고 가지 않았어. 뒤늦게 병원으로 옮겨졌지만 제대로 된 치료도 받지 못하고 그만 죽고 말았지."

"정말 안타깝다. 부자든 가난한 사람이든 귀중한 생명이라고 생각하고 곧바로 병원으로 데려갔으면 살 수 있었을 텐데."

"그러게 말이야. 두 번째 문은 예수의 수난을 상징하는 '수난의 문'이야. 가우디가 전체를 설계하고, 조각과 스테인드글라스는 각각 다른 예술가들이 맡아 작업했어. 탄생의 문과는 달리 현대적인 느낌이 드는 조각으로 꾸며져 있지. 세 번째 문인 '영광의 문'은 지금도 열심히 만드는 중이고 가우디의 사망 100주년이 되는 2026년에 완공될 예정이야."

"이렇게 오랫동안 짓고 있으니 돈도 많이 들겠어."

"나는 고양이라 입장료가 없지만 관광객들이 내는 돈은 모두 성당 건설에 쓰이고 있어. 이곳에 온다면 '내가 성당 스테인드글라스 한 조각은 기부했구나.' 하고 생각하면 돼. 이제 안으로 들어가 볼까?"

페르난도가 보여 주는 성당 내부는 다른 성당과는 좀 달랐다.

"우아, 기둥이 울퉁불퉁해서 꼭 나무 같아. 스테인드글라스로 들어오는 빛도 정말 멋지다. 분위기가 황홀해!"

"가우디의 건축을 잘 보면 직선이 거의 없어. 자연은 직선이 아닌 곡선이라고 생각하고 건축했거든. 이곳도 기둥이 일직선이 아니라 아래는 두껍고 위로 올라갈수록 가늘어지지? 그리고 갈라지기도 하고 말이야. 가우디는 이곳을 '기둥의 숲'이라고 이름 지었어. 천장의 스테인드글라스를 통해 들어오는 빛은 마치 나무 사이로 들어오는 빛과 같지."

"정말 아름답다. 제단이 있는 곳은 더 신비롭게 느껴져."

"천장을 통해 빛이 내려올 때면 당장이라도 예수님이 나타날 것 같은 분위기야. 그래서 나, 페르난도는 크리스천이지. 야옹!"

추로스를 먹어 볼까?

"관광객이 너무 많아 오래 있을 수가 없었어. 미안해, 숨이 너무 막혀서 말이지. 나중에 방문하면 종탑에 꼭 올라가 봐. 종탑에서는 바르셀로나가 훤히 내려다보여."

"그 멋진 풍경에 사그라다 파밀리아가 빠졌다는 게 흠이겠네!"

"맞는 말이야. 자, 이제 바르셀로나의 유명한 음식, 추로스를 소개해 줄게. 난 못 먹지만, 인간들이 워낙에 맛있게 먹더라고."

"추로스? 우리도 가끔 사 먹는데!"

"추로스는 밀가루 반죽을 막대 모양으로 만들어 기름에 튀긴 스페인의 전통 음식이야. 스페인 사람들은 아침이나 간식으로 먹는단다. 자, 바로셀로나에서 가장 인기 있는 추로스 가게, 추레리아로 가 보자고!"

"좋아!"

"여기 사람들은 추로스를 초콜릿에 퐁당 찍어 먹는 걸

추로스 콘 초콜라테

좋아해. 가게에서 주문할 때는 '추로스 콘 초콜라테'라고 하면 돼. 사람들은 이른 아침 카페에서 아침 식사로 추로스를 사 먹곤 해. 특히 추운 겨울에는 추위와 허기를 달래 주고, 에너지를 보충해 주는 음식이지."

"우리나라는 한 줄씩 사 먹는데, 이렇게나 많이 주다니! 음, 너무

맛있겠다. 그런데 추로스가 스페인 음식인 줄 몰랐어."

"다음에 바르셀로나에 온다면 꼭 먹어 보렴! 나도 먹어 보고 싶지만, 고양이는 초콜릿을 먹으면 위험하다니까 꾹 참아야지."

보행자들의 천국, 람블라 거리

"이제 람블라 거리로 가 볼까? 바르셀로나의 가장 큰 번화가인 카탈루냐 광장에서 콜럼버스(Christopher Columbus, 1451~1506) 기념탑이 있는 바닷가까지 난 길이 바로 람블라 거리야."

"어떤 곳일까? 궁금하다."

"바르셀로나를 하늘에서 보면 옛 번화가를 뺀 나머지 지역은 네모 반듯해. 19세기 중반에 토목 공학을 전공한 일데폰스 세르다라는 사람이 팔각형 모양의 블록으로 이루어진 도시 계획안을 제안했어. 기존의 도시는 중세 시대의 건축으로 길이 좁고 상하수도 시설이 제대로 되어 있지 않아 전염병이 돌기 쉬웠대. 세르다의 제안은 채택되었고, 이 방식대로 도시를 새로 확장했지."

"람블라 거리도 그런 곳이야?"

"아니. 람블라 거리가 있는 구역은 형태가 이전 그대로 유지되었어. 큰길이지만 차가 다니지 않아 보행자들의 천국이야."

"정말 그러고 보니 차가 안 다니네. 고양이도 많이 보여."

"퍼포먼스를 하는 사람들도 보이지?"

"응, 보여. 재미있다. 요가를 하는 사람, 아이언맨 분장을 한 사람, 예쁜 공주 드레스를 입은 사람……. 앗, 돈키호테 동상처럼 보이는 사람도 있네?"

누군가 동전을 넣자 멈춰 있던 사람들이 움직이고 동전을 넣은 사람에게 감사 인사를 했다.

"여기엔 꽃을 파는 사람도 있고, 사람들의 초상화를 그려 주는 화가도 있어. 자, 이제 시장으로 가 보자. 람블라 거리에 있는 보케리아 시장은 관광객들에게 유명한 시장이야. 돼지 뒷다리를 말려서 만드는 전통 햄 하몽, 지중해의 갖가지 과일과 채소, 해산물이 유명하지. 관광객이 많이 찾는 곳이다 보니, 가격은 좀 비싼 편이야."

"생과일 주스가 너무 맛있어 보인다. 꿀꺽!"

람블라 거리

보케리아 시장의 하몽 가게와 과일 가게

"이제 길의 끝까지 왔어. 저기, 콜럼버스 보여?"

"응. 콜럼버스도 스페인 사람이었구나!"

"맞아. 콜럼버스는 사실 인도에 가려다가 아메리카에 도착했잖아. 콜럼버스는 죽을 때까지 자신이 간 곳이 인도인 줄 알았대. 비록 인도는 아니었지만, 우연히 발견한 대륙은 역사를 바꾸어 놓았지. 모험과 도전이 시작된 도시가 바로 이 바르셀로나라고! 어때? 콜럼버스 앞에 펼쳐진 지중해, 참 멋지지?"

"응. 나도 나중에 꼭 가 보고 싶어!"

"오늘 바르셀로나 여행 어땠어? 다음에 인절미랑 함께 바르셀로나에 놀러 온다면 나, 세뇨르 페르난도를 찾아 줘. 알겠지? 아디오스!"

우리 도시 유명 축제

성모 마리아를 기리는 라 메르세

바르셀로나에서 이 축제를 빼놓을 수 없지. 매년 9월에 열리는 라 메르세(La Mercè)라는 축제야. 이 축제는 종교적인 의미로 시작되었어. 메르세는 '자비'라는 뜻으로 성모 마리아를 뜻하거든. 17세기 메뚜기 떼의 습격으로 큰 피해를 입은 바르셀로나 사람들은 성모 마리아의 자비로 도시가 구원받기를 바랐어. 그래서 성모 마리아를 도시의 수호성인으로 공표했고, 9월 24일은 이를 기리는 날이 되었지. 20세기 초부터 시청에서 기념 축제를 만든 것을 시작으로 지금은 규모가 어마어마해졌어.

바르셀로나의 가장 큰 거리인 람블라 거리에 가면 갑자기 나타나 춤을 추는 거인들을 보고 놀랄지도 몰라. 노랫소리에 맞춰 거인들이 줄지어 걸어가며 춤을 추고 거리 곳곳에서 공연이 펼쳐져. 또 관광객은 어찌나 많은

카탈루냐 인간 탑 쌓기

불꽃놀이를 즐기는 사람들

지, 발 디딜 틈이 없어. 그래서 나처럼 바르셀로나에 오래 산 고양이들은 일찌감치 건물 꼭대기에 올라가서 구경하지.

그리고 세계적으로 유명한 카탈루냐 인간 탑 쌓기도 빼놓을 수 없어! 시청 앞 광장에서 펼쳐지는 가장 중요한 행사야. 이건 우리 고양이 세계에서도 칭찬이 자자해. 마을 사람들이 모여 서로를 믿고 지탱해 주면서 한 층 한 층 올라가는데, 얼마나 조마조마한지 몰라. 꼭대기에는 항상 어린아이가 올라가지. 내가 그 아이 머리 위로 올라가 합세한다면 기네스북에 오를 텐데 말이야!

밤에는 불꽃놀이도 펼쳐져. 하늘을 향해 쏘는 큰 불꽃도 있고, 사람들이 코레폭스라는 작고 시끄러운 불꽃과 폭죽을 터뜨리며 달리기도 해. 아이들을 목말 태운 부모들은 줄줄이 서서 불꽃놀이를 구경하지. 축제는 24시간 계속돼.

나라 : 이집트
언어 : 아랍어
화폐 : 이집트 파운드
(1파운드는 약 30원)
*2025년 5월 기준

4
고대 이집트 문명을 간직한 도시
카이로

모니터 속에는 황금색 실로 화려하게 수놓은 파피루스 무늬 쿠션이 보였다.
"마우, 나야. 인절미."
그때 고양이 한 마리가 순간 이동을 한 듯 나타났다.
"무슨 일이야? 인절미."
인절미가 이때까지 있었던 일을 설명하자 마우가 두 팔을 쭈욱 펼치며 스트레칭을 했다.
"최고의 도시라면 이집트의 카이로를 빼놓을 수 없지. 기원전부터 고양이를 신으로 삼은 뛰어난 문명을 가지고 있으니까."
나는 고양이 신이라는 말에 졸린 눈이 번쩍 떠졌다.

민주주의가 시작된 타흐리르 광장

"고양이를 신으로 삼았다고? 굉장한데?"

"고대 이집트의 왕, 파라오를 뱀이 공격하려 했을 때 우리가 구해 줬거든. 그때부터 우리는 극진한 대접을 받았어. 그때 고양이 신도 생겼는데, 특히 고양이 여신인 바스테트는 다산과 풍요를 상징했지. 우리를 죽인 사람은 사형시키고, 우리가 생을 마감하면 함께 살던 가족들은 세 달 동안 애도 기간을 갖기도 했으니 이집트 고양이들이 얼마나 대단했는지 알겠지?"

"우아. 카이로가 너무 기대된다. 어서 소개해 줘!"

"여기는 늘 덥지만, 오늘은 특히 덥네. 야옹. 이곳은 타흐리르 광장인데……. 잠깐만, 아무래도 신드바드 카페에서 사탕수수 주스를 한잔 마시고 시작해야겠어."

마우는 신드바드라고 쓰인 카페의 테이블로 훌쩍 뛰어올라 테이블 위에 앉았다. 마우의 울음소리를 듣고 카페 안에서 수염이 덥수룩한 남자가 웃으며 나왔다.

"마우, 왔어? 사탕수수 주스 줄까?"

"야옹."

남자는 작은 컵에 황금빛의 물을 담아 왔다.

"와, 부러워! 마우는 좋겠다. 저렇게 공짜 주스도 먹고."

"흠, 이집트는 이런 멋진 나라라니까! 자, 이제 그늘에서 주스를 마시며 타흐리르 광장에 관해 설명해 줄게. 타흐리르 광장은 이집트의 독립과 민주화 운동과 관련 있는 곳이야. 근대 이집트는 영국의 '보호국'이라는 이름으로 지배받고 있었어. 1919년 영국으로부터 독립하기 위해 이곳에서 시위를 벌였고, 결국 1922년 이집트 왕국으로 독립했지. 그 뒤에도 반정부 시위가 있었어. 무바라크라는 사람이 대통령으로 취임한 뒤 30년간 독재를 하자 큰 시위가 벌어진 거야. 이때 죽은 국민이 850명이나 되었지. 민주화 운동이 거세지자 결국 무바라크는 2011년 대통령직을 내려놓게 되는데 이를 '아랍의 봄'이라고 해. 이처럼 이집트의 민주주의를 위한 대규모 시위가 있었던 장소가 바로 타흐리르 광장이야. 너희 나라에도 이런 장소가 있니?"

"우리나라에는 서울광장이 있어. 거기서 종종 집회를 열어. 어느 나라나 비슷한 역할을 하는 광장이 있는 것 같아."

"그렇구나! 아무튼 아랍의 봄 이후 2014년에 엘시시 대통령이 취임했는데, 지금도 대통령이야."

"엘시시 대통령도 독재 대통령이야?"

"아니. 이집트에서는 대통령으로 취임하면 6년 동안 임기를 지내고, 또 대통령을 여러 번 할 수도 있어. 자, 이제 미라를 보러 가 볼까?"

그리스 로마 신화보다 오래된 이집트 신화

"이집트 국립박물관은 이집트에서 가장 오래된 유물을, 가장 많이 소장하고 있는 박물관이야. 카이로에 온 여행자라면 꼭 들러야 하는 곳이지. 야옹, 사람이 너무 많은데? 입장권을 끊으려는 사람들이 많지만 나는 고양이니까 그냥 들어갈 수 있지."

마우의 카메라를 통해 보이는 박물관은 사람들로 북적였다. 마우는 사람들 다리 사이를 미끄러지듯 피해 재빠르게 박물관 안으로 들

카이로 시내에 있는 이집트 국립박물관

어갔다.

"박물관을 돌아보기 전에 이집트의 역사를 조금 알려 줄게. 고대 이집트는 기원전 3100년 메네스 파라오가 통일을 이룬 이후 기원전 30년 클레오파트라라는 마지막 파라오까지 3,000년간 지속되었어. 고대 이집트는 고왕국, 중왕국, 신왕국 시대로 구분되는데, 유명한 피라미드는 모두 고왕국 때 만들어진 거야. 신왕국 때는 주로 신전을 만들었지. 파라오는 '왕'이라기 보다 '신'에 가까워. 신들과 인간 사회를 연결하는 존재라고 할까? 이집트의 신화는 그리스·로마 신화보다도 오래되었어."

"우리나라에도 고조선을 세운 단군 신화가 있어. 하늘 신의 아들인 환웅이 인간의 땅에 내려왔고, 마늘과 쑥을 먹고 사람이 된 웅녀와 결혼해서 단군왕검을 낳았어."

"고조선이 있었던 비슷한 시기에 고대 이집트가 있었어. 고조선이 고대 이집트보다 767년 늦게 생겨났고, 78년 더 일찍 멸망했지."

"고조선까지 알고 있다니, 마우 너 정말 모르는 게 없구나?"

"역사 깊은 도시에 사니, 역사에 빠삭한 건 당연! 이집트의 건국 신화도 들어 봐. 남매인 오시리스와 이시스가 결혼해서 이집트를 다스렸는데, 오시리스의 동생인 세트가 왕이 되기 위해 오시리스를 죽여 버렸어. 세트는 오시리스를 열네 조각으로 토막 내서 나일강에 버렸는데, 이시스가 동생 네프티스의 도움으로 오시리스를 살려 냈지. 그러나 한번 죽었던 오시리스는 더 이상 이승에서 살 수 없었어. 그래서 저승을 다스렸지. 그리고 이시스는 오시리스의 아이 호루스를 낳았어. 호루스는 아버지를 죽인 세트와 싸우고 이집트의 왕이 되었지. 이후 이집트의 왕은 파라오라고 불리며 호루스의 화신으로 여겨졌고 사람들도 파라오를 신으로 대했어. 그리고 죽은 뒤에도 언젠가 부활할 거라 믿으며 시신을 미라로 만들었지."

미라의 천국, 이집트 국립박물관

마우는 사람들을 요리조리 피해 2층으로 향했다.

"길쭉한 상자들이 보여? 이게 모두 죽은 사람을 담은 관이야."

"세상에! 관을 이렇게 많이 본 건 처음이야. 그런데 크기가 아주 작은 관도 있어!"

"어린이를 위한 것도 있지만 개와 고양이를 위한 관도 있어. 자, 여긴 투탕카멘의 유물 전시관이야."

"와, 온통 황금색이잖아? 황금 관에, 황금 의자, 황금 목걸이, 황금 조각상까지, 번쩍번쩍해! 투탕카멘은 대체 누구길래 이렇게 화려한 거야?"

"투탕카멘은 어릴 때 왕이 되어 열여덟 살에 죽은 왕이야."

"정말 대단한 왕이었나 보다. 화려한 부장품들이 이렇게나 많은 걸 보니!"

"투탕카멘이 대단한 왕이어서가 아니야. 무덤 입구가 가려져 있어 도굴당하지 않았기 때문이지. 사실 왕으로서의 업적은 그다지 많지 않아."

"업적이 없는 왕의 부장품이 이 정도면 대단한 왕들은 정말 어마어마했겠어! 도굴당해 볼 수 없다니 너무 아쉽다. 그런데 미라는 언제부터 만든 거야?"

고양이도 사람처럼 미라로 만들었다냥!

"미라에 대한 기록은 고대 이집트인들이 남겨 놓지 않아서 정확하게 알 수는 없어. 하지만 아까 오시리스 신에 대해 말했지? 죽었지만 부활해서 저승의 신이 되었다고 했잖아. 이 이야기로 짐작해 보면 고대 이집트의 시작 무렵부터 미라를 만들었을 거야. 고왕국 시대에는 왕족만 미라로 만들었지만 중왕국을 지나 신왕국 시대가 되었을 때는 일반인들의 미라도 만들었어. 미라를 만드는 기술도 신왕국 때 가장 크게 발달했어. 관 속에는 죽은 이후에 영혼이 어떻게 되는지 설명한 '사자의 서'를 함께 넣었지. 미라를 만드는 방법은 고대 그리

파피루스에 기록된 '사자의 서' 일부

스의 역사가인 헤로도토스가 기록해 놓아 오늘날까지도 좋은 자료가 되고 있단다."

나일강이 준 선물

"마우, 나 궁금한 게 있는데, 동상이나 조각 속의 사람 얼굴이 무척 다양하게 생겼어. 이집트에는 여러 인종이 살았어?"

"오, 눈썰미가 있는데? 이집트인들 중에는 백인도 있고 흑인도 있어. 다인종 국가라고 할 수 있지. 이집트인들은 스스로를 나일강의 물을 먹고 나일강의 혜택을 받은 사람들이라고 말해."

"나일강의 혜택이라니, 흥미롭다. 나일강은 어떤 강이야?"

"나일강이 없었다면 이집트는 존재하지도 않았을 거야. 이집트는 나일강이 준 선물이라고 헤로도토스도 말했어. 나일강은 이집트를 관통하는 아주 큰 강이야. 매년 비가 많이 오는 6~9월에는 나일강이 크게 범람하는데, 이때 곡식이 자라는 데 좋은 성분들이 땅에 쌓이고 스며들어. 고대 이집트인들은 농사를 짓기 위해서 나일강이 범람하는 시기를 기준으로 태양력을 만들었어. 얼마나 정확한지, 지금의 달력과 1년에 0.25일 차이밖에 안 나."

"우아! 정말 대단하네."

"나일강 주변은 아프리카 대륙에서 가장 기름진 땅이야. 아무런

거름을 주지 않아도 곡식이 아주 잘 자랐거든. 10월에서 1월 사이에는 이곳에 보리와 밀 씨앗을 뿌리고 돼지와 양을 풀어서 땅을 다졌대. 자라난 곡물은 여름이 되기 전에 수확했는데, 그때도 당나귀나 소에게 곡식을 밟게 해서 껍질을 분리했대. 수확량의 10분의 1은 왕에게 바쳤지. 농사가 잘되니 이집트인들은 여유롭게 살았어. 나일강 범람 기간에는 신을 섬기고 건축물을 만들거나 예술 활동을 하며 지냈지."

"그래서 피라미드나 신전도 만들 수 있었구나."

"피라미드는 고왕국 시대에 집중적으로 만들었는데 산 사람을 추

카이로에서는 유람선을 타고 나일강을 즐길 수도 있어. 카이로에 꼭 놀러 와!

앙하는 피라미드는 나일강의 동쪽에, 죽은 사람들을 기리는 피라미드는 나일강의 서쪽에 지었어. 신왕국 시대에는 무덤 대신 신전을 많이 지었어. 고대 이집트의 황금기 파라오였던 람세스 2세는 이집트 전역에 자신의 신전을 많이 지은 것으로 유명해."

"피라미드도, 신전도, 나일강도 모두 가 보고 싶다!"

"어때? 카이로가 왜 유명한지 이제 알겠지?"

우리 도시 유명 축제

태양을 맞이하는 아부심벨 축제

　이집트의 축제를 말하자면 아부심벨 축제를 빼놓을 수 없어. 아부심벨은 이집트 가장 남쪽에 있는 작은 도시인데, 람세스 2세의 신전이 있는 곳으로 유명해. 람세스 2세는 고대 이집트 역사상 가장 위대한 왕이었지. 이전에는 이집트의 영토가 크지 않았는데, 람세스 2세가 정복 전쟁으로 아부심벨까지 차지하고 그곳에 신전을 세웠어. 그러니까 아부심벨 신전은 람세스 2세가 자신의 위대함을 알리기 위해 만든 신전이라고 할 수 있지. 스위스의 한 탐험가가 이곳을 발견하기 전까지 모래에 파묻혀 있었기 때문에 원래 모습으로 잘 보전될 수 있었단다.

　또 아부심벨 신전은 아스완 하이 댐 공사로 사라지게 될 운명이었는데, 유네스코의 노력으로 65미터 떨어진 고지대로 이동해 수몰 위기를 가까스

아부심벨 신전

아부심벨 축제

로 비껴갈 수 있었어.

　신전 바깥쪽에는 네 명의 사람이 앉아 있는데, 모두 람세스 2세야. 아부심벨에서는 매년 두 번의 큰 축제가 열려. 람세스 2세의 생일인 2월 22일과 대관식이 있었던 10월 22일에 열리지. 코바나, 아스완, 아부심벨 부족 사람들이 모여 밤새도록 춤과 음악을 펼친단다.

　축제의 하이라이트는 바로 해가 뜰 때야. 축제가 열리는 단 이틀만 태양 빛이 신전의 가장 깊숙한 곳으로 비치도록 설계해 놓았거든. 이 성스러운 장소에는 모든 신들의 왕인 아몬, 태양신 라, 매의 머리를 한 호루스가 합쳐진 라 호라크티의 신상이 있어. 또 창조의 신이었으나 어둠의 신이 된 프타, 그리고 람세스 2세의 신상이 있지. 해가 들어오면 놀랍게도 어둠의 신인 프타를 제외한 나머지 신상에만 태양 빛이 비친단다. 많은 관광객이 그 모습을 보려고 때를 맞춰 방문하지.

나라 : 미국
언어 : 영어
화폐 : 미국 달러
(1달러는 약 1,400원)
*2025년 5월 기준

5

슬픔을 간직한 자유와 예술의 도시
뉴욕

"인절미, 네 친구 메이 말이야, 너무 커서 처음에는
고양이가 아니라 사자인 줄 알았어."
메이는 고양이다. 세계에서 가장 큰 고양이로 기네스북에
등재되어 있는 '메인쿤'이라는 종이다.
길이가 무려 123센티미터라니 정말 사자라고 오해할 만하다.
"하이! 내 얘기하는 거 다 들려. 야옹, 지금도 점점 커지고
있어서 기네스북 기록을 깰지도 몰라.
오늘은 날씨가 너무 좋아. 내가 사는 뉴욕을 소개하기에
딱 좋은 날이야. 준비됐지? 슬슬 나가 볼까?"
메이는 아파트 창문으로 가볍게 뛰어올랐다. 그러고는
미국 드라마에서 보던 건물 외벽 비상 계단을 총총 내려가더니
길거리로 향했다.

자유의 첫 단추, 미국 독립 선언서

"뉴욕에 왔으니 먼저 자유의 여신상을 보러 가야지? 자유의 여신상이 있는 리버티섬에는 배를 타고 들어가야 해. 그러니 나도 관광객처럼 줄을 서야지. 난 예절 바른 고양이니까."

메이는 몸집이 커서 사람들 눈에 띄지 않게 움직이는 건 불가능했다. 사람들은 메이를 보자 머리와 등을 쓰다듬어 주고 아름답다는 찬사를 보냈다. 웃는 얼굴들이 카메라 가까이 다가왔고, 메이에게 다정하게 말을 걸었다.

"미국 사람들은 고양이를 정말 사랑하는구나. 메이는 좋겠다!"

커다란 엔진 소리가 들리더니 배가 뉴욕항을 출발했다. 메이는 배에서 가장 높고 사람들의 손길이 닿지 않는 항해실 위쪽에 뛰어올라 자리를 잡았다.

"배가 바다를 향해 나아가면 금세 자유의 여신상이 보일 테니, 눈을 떼지 마."

"알겠어. 정말 기대된다."

"미국이 독립 선언을 한 날은 1776년 7월 4일이야."

"독립 선언? 미국은 원래 원주민이 살던 땅에 유럽 사람들이 이주해 온 거 아니었어? 누구로부터 독립했다는 거야?"

"중앙아메리카와 남아메리카는 스페인과 포르투갈의 식민지였잖

아. 북아메리카에서 뉴욕을 포함한 동부 지역은 영국과 프랑스의 식민지였어. 영국의 지배를 받던 열세 개의 식민 주 주민들은 영국의 과도한 세금에 항의하며 전쟁을 선포했어. 그리고 독립 선언서를 발표했지. 군인 경력이 있던 조지 워싱턴은 전쟁의 총사령관이 되어 영국군에 맞섰어."

"영국의 군대를 상대해 잘 싸웠어?"

"노 노, 초기의 영국군은 막강했어. 뉴욕시를 시작으로 쳐들어오는 영국군에 밀려 도망 다니는 열악한 상황이었대. 하지만 새러토가

조지 워싱턴은 1달러 지폐의 주인공이기도 해.

전투에서 게릴라전으로 기세를 잡게 돼. 그리고 운 좋게 영국과 적대 관계에 있던 프랑스, 스페인, 네덜란드가 미국 편으로 참전하면서 전세가 완전히 역전됐지. 1783년 파리 조약으로 전쟁은 끝나고, 각 주의 대표들이 모여 헌법을 만들어 연방국의 기초를 다졌어. 워싱턴은 1789년 초대 대통령으로 선출되었지. 자유의 여신상은 독립 전쟁 당시 지원 국가였던 프랑스가 1886년에 미국 독립 100주년을 기념해서 선물한 거야. 조각가인 바르톨리가 디자인하고, 귀스타브 에펠이 구조를 만들었지."

세상을 밝히는 뉴욕의 랜드마크

"저기, 자유의 여신상이 보인다!"

"우아, 조금 전만 해도 장난감만 했는데 어느새 거대해졌어. 자유의 여신상은 도대체 얼마나 크길래 사람들이 개미만 해 보이는 거야?"

"발끝부터 횃불까지 높이가 46.5미터야. 아래 사각형 모양의 받침대까지 포함하면 92.99미터나 돼. 멀리서도 보일 수 있도록 높이 세운 거지. 앞쪽에서 보면 긴 옷 아래로 발가락만 살짝 보이는데, 뒤쪽에서 보면 오른쪽 발이 들려 있어. 그게 가장 중요해. 발목에 묶여 있던 족쇄와 쇠사슬을 끊고 앞으로 나아가는 모습이거든. 횃불은 사람을 따르게 하고 어둠 속에서 세상 곳곳을 밝혀. 평화와 자유와 평등을 위해서 말이야."

"들고 있는 횃불만 봤지, 뒷모습은 생각해 보지 못했어. 메이 말을 들어 보니 여러 가지 의미가 있네. 그래서 자유의 여신상이구나. 그럼 왼손에 든 책은 뭐야?"

자유의 여신상은 원래 등대였기 때문에 뉴욕항을 향하고 있어.

"거기에는 로마 숫자로 1776년 7월 4일이라고 쓰여 있어. 독립을 선언한 날짜 말이야. 자유의 여신상은 세워지자마자 뉴욕의 랜드마크가 되었어. 유럽의 이민자들이 새로운 땅에 대한 설렘으로 아메리카 대륙에 다가올 때 가장 먼저 눈에 들어오는 건축물이 바로 자유의 여신상이었거든."

"귀스타브 에펠은 파리 에펠탑도 만들었는데, 자유의 여신상을 만들었을 때 미국 반응이 훨씬 좋았나 봐. 파리 시민들은 에펠탑이 싫다며 시위까지 벌였다잖아."

"그럼! 미국과 뉴욕을 대표하는 건축물인걸. 유네스코 세계 문화유산으로도 지정되었고 말이야. 또 10달러짜리 지폐에는 자유의 여신상이 들고 있는 횃불이 배경으로 들어가 있기도 해."

슬픔을 기억하는 공원

"자, 이제는 뉴욕의 중심가로 가 볼까?"

메이는 다시 배를 타고 빌딩들이 많은 땅으로 향했다. 허드슨강에서 바라보는 도시의 풍경은 아름다웠다.

"지금 보이는 곳이 맨해튼이야. 지금은 낮이지만, 밤이 되어 빌딩에 불이 켜지면 보석처럼 아름답게 변하지. 많은 사람들이 맨해튼 야경을 보며 황홀해해."

허드슨강과 맨해튼

　육지에 도착하니 빌딩들이 가득 솟아 있었다. 차도에는 택시와 자가용이 가득하고, 보도블록을 따라 걷는 메이에게 다정한 인사를 건네는 사람들의 목소리도 들렸다. 메이는 얼마쯤 가다가 풀쩍 뛰어올랐다. 딛고 있는 바닥 곳곳에 영어가 쓰여 있고, 글자 뒤편으로는 사각형 모양의 벽을 타고 폭포가 흐르고 있었다.
　"메이, 여기는 어디야?"
　"여기는 9.11 추모 공원이야. 9.11 테러에 대해 들어 봤어?"
　"아! 테러리스트가 비행기를 건물에 부딪혀서 무너뜨린 일이지?"
　"응, 맞아. 이슬람 무장 단체인 알카에다가 미국 비행기를 납치해서 세계무역센터 건물 두 개에 부딪혀 무너뜨렸어. 실시간 영상들이

뉴욕 77

공개되자 세계는 충격에 휩싸였지. 3,000명이 넘게 사망했는데, 그 중 대부분이 무역센터 건물 안에 있던 사람들이야. 부상자 수는 2만 명이 넘었고."

"도대체 왜 무고한 사람들을 희생시킨 걸까."

"세계적인 이슈를 만들고, 두려움을 갖게 하려고 그런 게 아닐까? 무고한 사람들을 희생시키는 건 정말 비겁해. 테러리스트들은 무역 센터 건물 말고도 국방부 건물 펜타곤과 또 다른 곳으로도 향했어."

"한 곳이 아니었다는 말이야?"

"응. 비행기는 총 네 대를 납치했고, 그중 세 대는 목표물을 공격했어. 나머지 한 대는 추락했기 때문에 어디를 공격하려 했는지 아무도 모르게 됐지. 미국은 마지막 목표물이 아마도 국회의사당이나 백악관이었을 것이라 예상하면서, 추락한 비행기의 사망자 전원을 미국을 구한 영웅으로 추대했어. 테러를 막기 위해 승객들이 비행기 안에서 테러리스트와 싸웠거든."

"아, 그런 일이 있었구나. 영웅으로 추대될 만해. 납치된 네 대의 비행기에 탄 사람들도 모두 돌아가셨다고 생각하니 너무 슬프다."

"그래서 이 공원은 9.11 테러로 희생된 모든 사람의 이름이 새겨져 있어. 지하에는 추모 박물관이 있고."

"나도 돌아가신 분들의 명복을 빌어야겠어."

뉴욕의 중심가, 브로드웨이

"시간이 벌써 이렇게 됐네?"

메이는 빌딩 숲을 달리기 시작했다. 사람들의 다리 수가 점차 늘더니 이제는 거의 빽빽해졌다. 보아 하니 엄청난 관광지 같았다. 메이가 빨간 계단으로 가볍게 뛰어올라 뒤로 몸을 돌리자 어마어마한 광경이 펼쳐졌다.

"우아아아아! 너무 거대해. 여긴 어디야?"

"여기는 타임스퀘어야. 뉴욕의 길은 바둑판처럼 반듯반듯한데 브로드웨이만 그 바둑판 길을 비스듬히 관통해. 타임스퀘어는 브로드웨이 42번가, 7번가가 만나는 넓직한 광장이지."

"사람이 많이 모이는 곳이라서 그런지 거대한 광고판이 정말 많다. 앗, 저기 올라프가 보이는데? 같이 사진 찍고 싶다!"

"공짜는 아니니 기억해 둬. 관광객에게 다가오는 디즈니나 마블 영화의 캐릭터들은 모두 사진을 찍으면 돈을 내야 해."

"그렇구나. 그런데 저 빨간 계단 앞에 있는 동상은 누구야?"

"프랜시스 패트릭 더피(Francis Patrick Duffy, 1871~1932)라는 사람이야. 군인이면서 가톨릭 신부였지. 전쟁에서 많은 사람을 구해 미군 육군 역사상 가장 높은 훈장을 받은 성직자가 되었어. 이 동상 때문에 이 주변을 더피 광장이라고 불러."

"텔레비전에서 여기 본 적 있어. 우리나라 가수가 여기서 공연했거든."

"맞아. 그때 사람들이 광장에 발 디딜 틈 없이 가득했었지. 그런데 브로드웨이에서 가장 유명한 게 뭔지 알아? 대형 간판에 어떤 광고가 많은지 찾아봐."

"아, 찾았다! 뮤지컬!"

"맞아, 브로드웨이는 뮤지컬로 유명해. 뉴욕의 브로드웨이에는 뮤

브로드웨이의 더피 광장

지컬 공연장이 아주 많단다. 넌 어떤 뮤지컬을 보고 싶어?"

"나는…… 메이를 닮은 주인공이 나오는 〈캣츠〉?"

"좋아! 〈캣츠〉는 〈오페라의 유령〉 〈레미제라블〉과 함께 세계 3대 뮤지컬에 꼽히는 작품이지. 극장에 사는 내 친구들이 많아. 그 친구들은 대사를 몽땅 외울 만큼 뮤지컬을 많이 봤지. 친구들이 알려 준 명당 자리에서 너에게 〈캣츠〉를 보여 줄게. 직접 보는 감동에는 미치지 못하겠지만 말이야."

"고마워, 메이. 뉴욕은 정말 멋진 도시야!"

우리 도시
유명 축제

메이시스 추수 감사절 행진

　미국 사람들이 가장 많이 믿는 종교는 기독교인데, 기독교인들에게 추수 감사절은 굉장히 중요한 날이야. 하나님께 올해 추수한 것에 감사를 표하는 날이거든. 미국에서 가장 큰 명절로 11월 네 번째 목요일이야. 아, 한국에도 비슷한 날이 있지? 가족이 함께 모여 수확한 음식으로 제사도 지내고 맛있는 걸 먹는 추석 말이야.

　미국에서는 이날 칠면조를 굽고, 호박 파이를 만들어. 으깬 감자에 크랜베리 소스를 얹어서 먹기도 하지. 그 밖에도 여러 가지 맛있는 음식을 가족들과 나눠 먹는단다. 나도 이날은 과식하는 날이야.

가족과 맛있는 음식을 먹는 추수 감사절

난 추수 감사절이 너무 좋아! 내가 사는 집은 메이시스 백화점 근처인데 축제 행렬이 우리 집 바로 앞을 지나가거든. 창가에 가만히 앉아 축제 행렬을 구경할 때의 즐거움이란 이루 말할 수 없지.

어떤 행진이냐고? 한 해 동안 인기 있었던 다양한 캐릭터들을 거대한 풍선으로 만들어 사람들과 함께 행진하는 거야. 77번가에서 시작해서 34번가 메이시스 백화점이 있는 곳까지 4킬로미터 정도 행진이 펼쳐져. 특히 어린이들이 좋아하는 행사지. 메이시스 백화점에서 이 행사의 비용을 내기 때문에 '메이시스 추수 감사절 행진'이란 이름이 붙었어. 이 행사는 텔레비전에서도 실시간으로 보여 줄 만큼 유명하단다. 너희도 뉴욕에 온다면 추수 감사절에 맞춰서 오는 걸 생각해 봐. 알겠지?

메이시스 행진의 캐릭터 풍선

나라 : 아르헨티나

언어 : 스페인어

화폐 : 아르헨티나 페소
(1,000페소는 약 1,250원)
*2025년 5월 기준

6
가우초와 탱고의 도시
부에노스아이레스

눈이 작고 몸집이 커다란 흰 개 한 마리가 나를 바라보았다.
"웰! 올라! 나는 페로야. 아르헨티나를 대표하는
도고 아르헨티노 견종이지."
"와, 이름에 아르헨티나가 들어가다니, 정말 나라를 대표하는
동물이구나!"
"우리 조상은 주로 사냥을 했는데, 점점 커다란 싸움 개로
개량되었어. 많은 나라에서 우리를 키우는 게 금지되어 있어.
몹시 사나운 맹견으로 알려져 있거든."
"헉, 정말?"
"하지만 걱정하지 마. 너는 인절미의 집사잖아.
자, 부에노스아이레스를 돌아볼 준비 됐어?"
"응, 물론이지! 어서 보고 싶어."

아르헨티나가 시작된 마요 광장

"여기는 마요 광장이야."

"마요? 마요는 무슨 뜻이야?"

"마요는 스페인어로 5월이라는 뜻이야. 아르헨티나가 스페인으로부터 독립을 선언한 날이 1810년 5월 25일이거든."

"아……. 아르헨티나도 다른 나라의 지배를 받았구나. 우리도 35년 동안 일본의 지배를 받은 역사가 있어."

"너희도 힘들었겠구나! 아르헨티나는 정복자들이 이 땅에 들어온 이후로 치면 300여 년의 지배를 받았어."

"300년이라고? 정말 오랜 시간이다."

"오랜 옛날 중앙아메리카와 남아메리카에는 여러 원주민 부족이 살고 있었어. 지금의 멕시코와 과테말라에는 아스텍인과 마야인이, 페루와 볼리비아에는 잉카인들이 살았어. 아르헨티나 중부와 칠레에는 마푸체인이, 이구아수 폭포가 있는 아르헨티나의 동북부에는 과라니족이, 지금의 파타고니아 지방에는 테우엘체족이 살았지."

"정말 다양한 민족이 살았구나. 하긴 땅이 어마어마하게 크니까."

"그러다 큰 사건이 일어났어. 1492년 콜럼버스가 향신료와 금을 구하러 인도로 떠났는데 인도가 아닌 아메리카 대륙에 도착한 거지. 정확히는 바하마 제도의 산살바도르섬인데, 콜럼버스가 죽을 때까

아르헨티나 독립의 상징, 마요 광장

지 인도라고 생각한 곳이야. 원주민들은 황금 장식을 하고 있었어. 이곳은 곧 황금이 넘쳐나는 땅 '엘도라도'라고 소문이 났고, 너도나도 아메리카 대륙에 왔어. 스페인 정복자들은 원주민을 죽이고 황금을 빼앗고, 노예로 삼았어. 당시 아메리카 원주민들에게는 활과 도끼, 새총 등의 무기가 전부였는데 유럽인들은 총을 가지고 있었으니 일방적인 학살이었지. 무기도 무기지만, 유럽인들이 퍼뜨린 천연두로 군대가 다 도착하기도 전에 주민들이 모두 사망한 마을도 있었어. 인구의 반 이상이 천연두로 사망했을 정도야."

"아르헨티나도 그런 침략을 당한 거야?"

"스페인 정복자들은 1516년에 아르헨티나 땅에 도착해서 1580년에는 부에노스아이레스에 식민지를 건설했어. 원주민은 학살당하지 않으려면 쫓겨나야 했지. 종교를 가톨릭교로 개종하고 언어도 스페인어를 사용해야만 했어. 스페인식 건물이 들어서고, 성당도 세워졌지. 그렇게 오랜 기간 식민 지배가 지속되다가 독립에 대한 열망이 생겨 독립 운동을 벌였고, 결국 1810년 스페인으로부터 독립을 선언한 거야."

"오랫동안 얼마나 힘들게 살았을까?"

"광장에 말을 탄 사람의 동상이 보이지? 바로 아르헨티나의 독립 운동을 시작한 마누엘 벨그라노 장군이야. 광장 주변에는 부에노스아이레스 대성당이 있고, 대통령궁도 있어. 지금도 정치, 사회적으로 중요한 문제가 있을 때 사람들은 이 광장에 모여서 시위를 벌여."

"광장에 사람들이 모이면 언제나 큰 변화가 생기는 것 같아."

"맞아. 세계 곳곳에 그런 역할을 하는 광장이 있지."

"그런데 아메리카라는 대륙 이름은 어떻게 생겨났어?"

"아메리고 베스푸치(Amerigo Vespucci, 1454~1512)라는 사람의 이름을 딴 거야. 콜럼버스의 항해 소식을 들은 탐험가 아메리고 베스푸치는 1499년에서 1504년 사이에 같은 항로를 이용해 신대륙을 탐험했어. 탐험을 마친 그는 이곳이 인도가 아니라는 확신을 가지고

『신세계』라는 책을 썼지. 1507년 독일의 지도 제작자인 발트제뮐러(Martin Waldseemüller, 147?~1520)가 이 책을 읽고 그의 이름을 따서 새로운 대륙을 '아메리카'라고 명명하게 된 거야."

식민기 역사는 복잡해

"페로, 그런데 나 궁금한 게 있어. 말을 탄 장군의 생김새를 보니 백인인데? 광장에서 보이는 사람들도 모두 백인이고. 아르헨티나 사람 중엔 원주민은 없는 거야?"

"원주민이 있기는 하지만, 15퍼센트 정도밖에 안 돼. 특히 도시에 사는 사람들은 거의 다 백인이야."

"원주민들은 어떻게 된 거야?"

"스페인 정복자들은 부에노스아이레스부터 시작해서 식민 도시를 하나씩 건설하며 그 땅에 살던 원주민을 모두 몰아냈어. 부에노스아이레스와 주변 도시에는 주로 스페인에서 온 이민자들과 '크리오요'라고 불리는 그들의 후손이 살게 되었어. 아르헨티나 국민 85퍼센트가 백인이다 보니 유럽 같은 느낌이 많이 나서, 부에노스아이레스를 남미의 파리라고 부르기도 해."

"그럼 원주민들은 도대체 어디에서 살고 있는 거야?"

"백인들의 관심이 없는 땅에 모여 소수민족으로 살고 있지."

"그렇다면 원주민들이 독립한 게 아니라, 스페인의 후손들이 스페인 식민지에서 독립한 거잖아!"

"맞아. 크리오요들은 영국이 1806~1807년 부에노스아이레스에 쳐들어왔을 때 맞서 싸워 승리하기도 했고, 아메리카 원주인이 많은 주변 국가와 전쟁을 하기도 했어. 남아메리카의 역사는 정말 복잡해. 크리오요도 백인이지만 스페인 정복자들의 지배를 받았어. 식민지 땅에 태어났다는 이유로 좋은 직업을 가지지도 못했고 사회적으로 차별받았거든."

"그럼 크리오요는 원주민과 같은 편이었던 거야?"

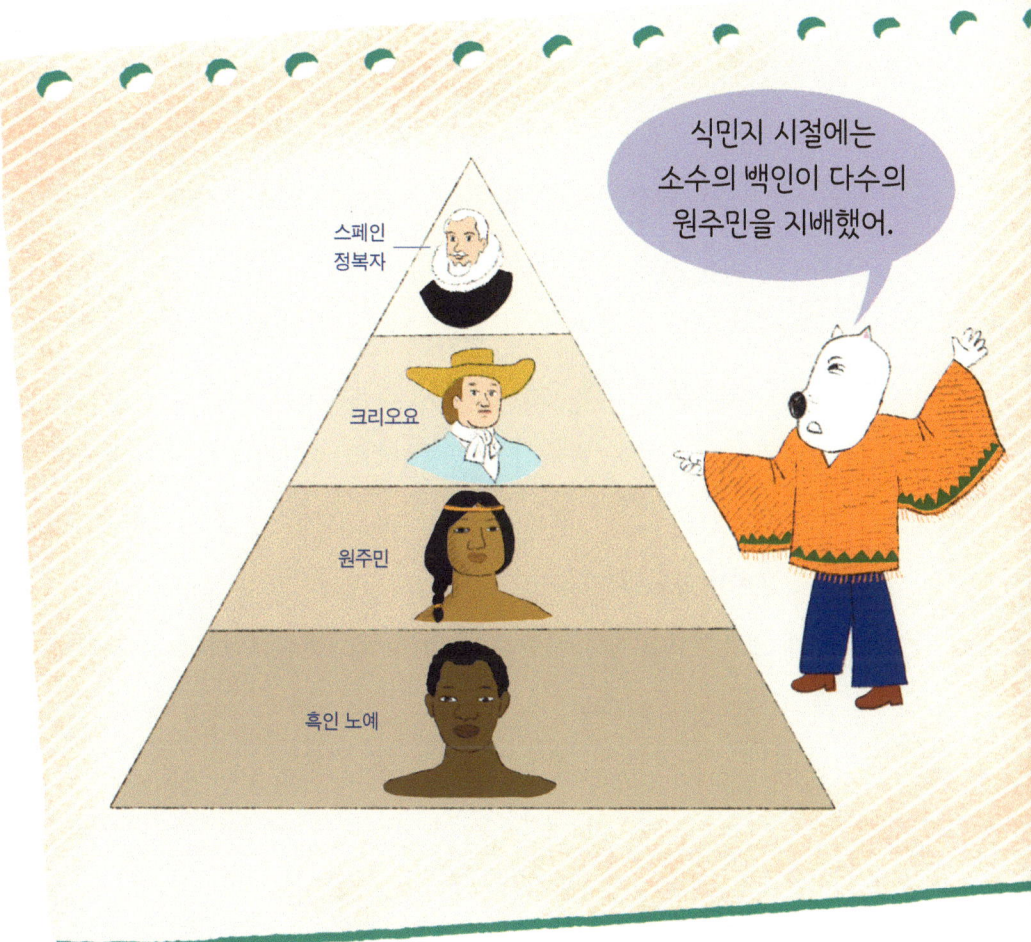

"그렇지만도 않아. 크리오요는 원주민들과 혼혈 인종, 노예를 지배했었거든."

"아, 너무 복잡하다."

"그렇지? 하지만 독립 전쟁 때는, 남아메리카의 모든 인종이 함께 힘을 모아 스페인 정복자들에게 대항한 것은 맞아. 식민 지배가 너무 가혹했거든."

"다른 나라에도 크리오요 같은 사람들이 있어?"

"이주해 온 스페인 사람들이 아메리카 대륙에서 낳은 백인 자녀들을 크리오요라고 하는데, 아르헨티나와 칠레, 콜롬비아에 많아. 스페인 또는 포르투갈 백인과 원주민의 혼혈은 메스티소라고 하는데 주로 멕시코와 과테말라에 많이 살고 있어. 또 백인과 흑인의 혼혈은 물라토라고 하고, 주로 브라질에 많이 살고 있어."

"정복 전쟁으로 새로운 인종이 여럿 생겨났구나."

"스페인 정복자들은 원주인을 학살하기도 했지만, 자신의 문화에 편입시키기 위해 가톨릭으로 개종시키고, 스페인어를 가르치고, 백인과 결혼시키기도 했어."

"일제 강점기 때 조선 사람에게 일본어로 말하게 하고 신사 참배를 시킨 것과 비슷하구나."

목동들의 음식, 아사도와 마테차

"소고기 좋아해?"

"물론이지! 하지만 우리나라 소고기는 너무 비싸."

"어서 아르헨티나로 초대하고 싶은데? 말을 너무 많이 했더니 힘들다. 소고기를 좀 먹으러 가야겠어. 내가 잘 아는 식당이 있어."

페로는 광장에서 열심히 뛰더니 한 식당 앞에 멈춰 섰다. 식당 앞에서 멋진 잔에 빨대로 무언가를 마시던 남자가 환하게 웃으며 페로에게 말을 걸었다.

"페로, 오랜만이야. 잘 지냈어? 내가 그리워서 온 거야, 아니면 내가 주는 소고기가 그리워서 온 거야? 하하. 고기를 좀 가져올게."

남자가 식당으로 들어가자 페로도 따라 들어가며 말했다.

"아사도를 보여 줄게."

"아사도가 뭐야?"

"아르헨티나의 구운 고기를 말해. 주로 소고기를 구워 먹는데, 가우초들의 음식 문화야. 아르헨티나에는 팜파스라고 부르는 평평한 목초지가 있어. 소를 방목해 키우기에 아주 좋은 곳이지. 가우초는 소를 키우는 목동들이야. 독립 운동 당시에 가우초들의 역할도 컸는데, 말을 타는 기마병으로 전투에 많이 참여했대."

"목동이니까 말을 잘 탔겠다."

"스페인 식민지 시절 가우초는 소가죽을 유럽에 수출했는데, 소를 도축해 가죽을 모으고 난 뒤 맛있는 부위만 조금 구워 먹고 나머지는 다 버렸대."

"소고기를 왜 버려!"

"가죽 때문에 소를 도축하는데, 고기가 너무 많은 거지 뭐. 다 먹을 수 없을 만큼."

"아이고, 아까워."

"가우초들이 구워 먹는 고기가 맛있다고 소문이 나서 아르헨티나 전역에 널리 퍼졌고, 아사도 식당이 생겨나기 시작했어. 지금도 아르헨티나 소고기 맛은 세계적으로 알아준다고. 나 혼자 먹어서 미안해."

"힝. 나도 거기 있다면 좋을 텐데……."

페로는 식당으로 들어가 소고기를 굽는 모습을 보여 줬다. 커다란 석쇠 그릴에 큼지막한 고기들이 가득 올려져 있고 굽는 연기가 가득했다. 페로 앞으로 큼지막한 고기를 담은 접시가 다가왔다.

"뜨거우니까 내가 잘라 줄게."

남자가 고기를 자르고, 페로가 침을 뚝뚝 흘리는 모습이 보였다.

"너무 맛있겠다! 페로, 너무 급하게 먹지 마. 체하겠어."

흐뭇한 표정으로 페로를 바라보는 남자의 얼굴이 다시 보였다. 남자는 다시 빨대로 음료를 마시는데, 컵이 특이해 보였다.

마테차

"페로, 저 남자가 마시고 있는 건 뭐야?"

"마테차야. 마테라는 식물의 잎을 뜨거운 물에 우려 마시는 거야. 아르헨티나 사람들은 마테차를 좋아해서 커피보다 더 많이 마셔."

"무슨 맛일까?"

"난 안 먹어 봤지만, 씁쓸해 보이는 초록색 차야. 소고기가 주식이었던 가우초들이 마시던 차인데, 비타민이 많이 들어 있대. 이제 배가 다시 찼으니 다른 장소로 이동해 볼까?"

탱고가 탄생한 마을, 라 보카

"이번엔 신나는 곳으로 데려가 줄게. 음악이 있는 곳이야."

"아르헨티나 음악이라면 혹시 탱고?"

"어? 탱고를 알아?"

"전에 탱고 공연을 본 적이 있는데, 아르헨티나의 춤과 음악이랬어."

페로가 도착한 곳에 알록달록한 색깔의 건물들이 보였다.

"여기는 라 보카야. 19세기에 이민자들이 모여 살던 곳이었지. 19세기 말부터 대공황이 있기 직전까지 아르헨티나는 세계에서 일곱 번째

라 보카의 알록달록한 집들

로 부유한 나라였어. 유럽에서 많은 사람들이 몰려왔는데, 특히 이탈리아 이민자가 많았어. 근처에 배 만드는 곳이 있었는데, 배를 만들고 남은 재료로 숙소를 지었지. 남은 페인트를 사용하다 보니 한 가지 색으로 칠하지 못하고 지금처럼 알록달록한 거리가 되었대."

"이렇게 예쁜 거리에 그런 슬픈 역사가 있었구나."

"이곳 출신의 화가 마르틴이 골목을 더욱 예술적으로 꾸미고, 음악가 후안이 아르헨티나 탱고를 만들어 문화를 더욱 발전시켰어. 탱고 음악이 사람들의 마음을 움직이는 건 아마도 멀리 떨어진 고향을 떠나 가난한 삶을 살았던 이들의 애환이 담겨 있기 때문일 거야."

아르헨티나의 대표 인물 카를로스 가르델, 에바 페론, 마라도나 마네킹

"어쩐지 슬퍼져. 탱고 음악을 들으면 슬픈 느낌이 떠오를 것 같아."

"라 보카가 시작되는 곳의 이 건물 2층에는 아르헨티나를 대표하는 세 인물의 마네킹이 있어. 탱고의 아버지 카를로스 가르델(Carlos Gardel, 1890~1935), 노동자들 사이에 인기 있었던 대통령 부인 에바 페론(Eva Peron, 1919~1952), 라 보카의 축구 클럽이 낳은 세계적인 축구 선수 마라도나(Diego Maradona, 1960~2020)야. 모두 가난한 사람들의 마음을 대변해 주는 인물들이지."

페로가 길거리를 걸어가는데 낯선 음악 소리가 들려왔다. 빨간 드레스를 입은 여자와 검은 양복을 입은 남자가 춤을 추고 있었다.

"저게 탱고 음악에 맞춰 추는 춤, 탱고야."

"우아, 멋있다!"

"음악이 빨라졌다 느려졌다 하고, 그에 맞춰 사람들이 멀어졌다 가까워졌다 하는 모습이 재밌지?"

"응. 마치 고무줄이 늘어났다 줄어들었다 하는 것 같아."

공동묘지가 부에노스아이레스의 명소라고?

"이번에는 어디로 가는 거야?"

"레콜레타라는 유명한 공동묘지."

"공동묘지가 왜 유명해?"

공동묘지 레콜레타의 입구

"그곳에 에바 페론이 잠들어 있기 때문이야. 에바 페론은 후안 도밍고 페론 대통령의 부인이지."

"마네킹으로 봤었지? 어떤 사람인지 이야기해 줘."

"에바 페론은 시골의 가난한 집안에서 태어났어. 열다섯 살에 혼자 대도시로 와서 배우로 성공한 뒤 군인 정치가였던 후안 도밍고 페론을 만나 결혼했고, 그가 대통령이 되면서 영부인이 되었지. 정치가로서 노동자와 여성들을 위한 정책을 많이 펴서 아르헨티나 국민의 사랑을 받았어."

"엄청 좋은 사람이구나."

"꼭 그렇지만도 않아. 자신의 인기를 이용해 독재를 하고, 사치스러운 생활을 하면서 아르헨티나 경제를 무너뜨렸거든. 자, 이제 에바 페론 묘지를 보여 줄게."

페로가 여러 묘지를 요리조리 지나가는데, 대리석으로 작고 아름다운 집을 지어 놓고 동상을 세워 놓은 무덤이 많았다.

"화려한 동상이 있을 줄 알았는데, 청동으로 된 작은 집 모양이네? 묘지가 의외로 평범해 보여."

"그렇지? 에바 페론은 살아 있을 때 모습 그대로 미라로 만들어 이 묘지의 지하에 묻었대."

"이집트의 미라처럼?"

"응. 에바 페론은 서른넷의 젊은 나이에 병으로 죽었어. 여전히 젊은 모습으로 여기에 있는 거야. 1952년 그가 죽었을 때 한 달 동안 장례식이 열릴 정도로 추모객이 많았대. 얼마나 많은 사랑을 받았는지 알 수 있지?"

"부에노스아이레스는 정말 다양한 모습을 가진 도시구나."

"왜 유명한지 이제 알겠어?"

우리 도시
유명 축제

모두가 즐기는 탱고 축제

　라 보카의 작은 골목에서 탄생한 탱고는 이제 세계적으로 즐기는 문화가 됐어. 부에노스아이레스에서는 1년 내내 크고 작은 탱고 공연과 행사가 많이 열리지만, 매년 8월에 가장 유명하고 규모가 큰 탱고 축제가 열려.
　축제 기간 2주 동안 수준 높은 탱고 공연과 음악 콘서트가 열리는가 하면, 유명한 탱고 아티스트로부터 탱고를 배울 수 있는 워크숍이 진행되지. 또 탱고 경연대회도 열리는데, 이 대회에는 어린이부터 노인까지 탱고를 사랑하는 전 세계의 수많은 커플이 참가해. 다양한 참가자들이 실력을 겨

탱고 경연대회

광장에서 탱고를 즐기는 산 텔모 사람들

루는 모습은 보는 이들의 눈과 귀를 즐겁게 하지. 전문 댄서부터 평범한 시민들까지, 부에노스아이레스의 모든 사람이 탱고를 즐기고 함께 어우러지는 축제라고 할 수 있어.

이보다 조금 작은 규모의 축제도 있는데, 산 텔모 탱고 축제야. 산 텔모는 부에노스아이레스에서 가장 오래된 지역인데, 축제 기간 동안 곳곳에 야외 무대가 생기고 무료 공연이 펼쳐져서 좀 더 가까이에서 축제를 즐길 수 있단다.

나라 : 오스트레일리아
언어 : 영어
화폐 : 오스트레일리아 달러
(1달러는 약 900원)
*2025년 5월 기준

7
대자연이 살아 숨 쉬는 해양 도시
시드니

"로키, 안녕!"
"하이! 오랜만이야, 인절미. 어린이 집사도 안녕?"
"그동안 별일 없었어?"
"오늘 밖에 나갔다가 쥐를 발견했지 뭐야. 그래서 오래간만에 사냥 실력을 발휘했지."
"쥐…… 쥐를 잡아? 대단한걸?"
"뭘. 우리는 '오스트레일리언 테리어'라는 종이야. 우리 조상은 영국에서 건너와서 쥐를 잡는 사냥개로 키워졌어. 물론 요즘은 사냥할 일이 거의 없지만 말이야. 오늘은 인절미가 부탁한 일을 하려면 바쁠 것 같아. 아침부터 기분이 너무 좋아."
"고마워, 오늘 하루 잘 부탁할게!"

최고의 전망, 하버 브리지

로키는 빠르게 질주했다. 도로에 모여 있던 비둘기 떼를 보자 왈왈 짖더니 쫓아갔다. 비둘기 떼가 순식간에 날아올랐다.

"비둘기를 잡을 수도 있지만 오늘은 바쁘니까!"

계단을 오르자 로키의 카메라에 바다가 보이기 시작했다.

"사람도 많이 보이네? 햇볕을 쬐는 사람, 운동하는 사람, 모두 평화로워 보인다!"

어느새 로키는 거대한 다리를 건너고 있었다.

"여기는 시드니 하버 브리지야. 시드니의 남부와 북부를 잇는 다리란다. 차도 건너고, 기차도 건너고, 자전거 도로와 사람들이 건너는 보행로도 따로 있어. 오페라 하우스를 바라보는 전망이 좋아서 일부러 걸어 다니는 사람도 많아."

"이야, 멋지다! 매일 오페라 하우스를 바라보며 걷는다면 너무 행복할 것 같아. 바다를 배경으로 한 풍경이 정말 예뻐."

"하버 브리지는 오페라 하우스와 함께 시드니를 대표하는 랜드마크야. 해가 뜰 때 모습도 예쁘지만 해가 질 때가 더 아름다워. 그리고 이곳에서는 특별한 체험도 할 수 있어. 바로 '하버 브리지 클라이밍'이라는 건데, 다리의 아치 부분에 올라가는 거야. 다리의 가장 높은 곳으로 올라가는 거니까 시드니 최고의 전망을 볼 수 있지. 어?

지금도 올라가는 사람이 있네. 내가 보여 줄게."

로키는 몸을 세워 다리 위쪽을 보여 줬다. 정말 사람들이 줄줄이 아치 형태의 다리 가장 높은 곳을 향해 걷고 있었다.

"어때? 보는 것만으로도 스릴 넘치지 않아?"

오페라 하우스가 차고지였다고?

"짜잔! 이 건물이 바로 시드니 하면 떠오르는 랜드마크, 오페라 하우스야."

"파란 하늘과 반짝이는 하얀 건물이 너무 잘 어울려. 유네스코 세계 문화유산으로 등재될 만해. 직접 보면 더 멋있겠지?"

"오페라 하우스가 있던 자리는 원래 전차 차고지였어."

"진짜? 차고지가 이렇게 바뀌었다니, 신기하다."

"1956년, 뉴사우스웨일스주 정부가 이곳을 문화 공간으로 바꿀 계획을 세우고 국제 공모전을 열었어. 많은 설계도 중에 덴마크의 건축가 예른 웃손(Jørn Oberg Utzon, 1918~2008)의 작품이 당선된 거야. 심사위원 중 한 명은 그를 천재라고 칭송했지. 하지만 뽑히자마자 문제에 부딪혔어."

"어떤 문제?"

"과연 건축물이 실제로 만들어질 수 있을까 의문이 든 거지."

"하하. 지금 보기에도 이걸 어떻게 만들었을까 싶은데, 1950년대였으니까 고민이 많았을 것 같아."

"웃손은 1966년 예산 지원을 중단하겠다는 압력에 충격을 받고 조용히 시드니를 떠났어. 그리고 사망할 때까지 다시는 돌아오지 않았대. 하지만 결국 오페라 하우스는 완성되었고, 1973년에 문을 열

시드니의 상징, 오페라 하우스

었어. 예정된 기한보다 6년이나 더 걸려 총 16년이나 걸렸지. 건축비도 예상 비용의 열다섯 배나 들었고 말이야."

"이렇게 아름다운 건물에 우여곡절이 많았구나. 웃손은 오페라 하우스가 완공된 이후에도 정말 오지 못한 거야?"

"오픈 기념식에도 초대받지 못했다니까! 하지만 나중에는 프리츠커 건축상도 받고 인정을 받았어. 2000년 재설계에 참여하기도 했지만, 건강 문제로 직접 보지 못하고 2008년에 사망했어."

"정말 안타깝다. 그런데 지붕이 반짝거려! 무엇으로 만든 거야?"

오페라 하우스에서 바라본 하버 브리지 야경

"세라믹 타일이야. 지붕 모양을 설계대로 구현하면서도 바닷가 환경을 견딜 수 있도록 오랜 연구 끝에 개발한 거래. 타일 연구에만 3년이나 걸렸다지 뭐야."

"와, 지붕 재료에만 오랜 시간 투자했구나!"

"지붕 모양은 조개껍데기를 여러 개 겹친 모양이야. 어떤 사람은 새하얀 돛을 펼친 범선의 모습이라고도 하지. 그런데 정작 건축가는 오렌지 껍질을 벗기다 아이디어를 얻었대. 안에는 두 개의 큰 공연장과 식당이 있어. 그리고 긴 보행로 테라스가 주변을 감싸고 있지. 해 질 녘에 이곳에서 음식을 먹으면서 하버 브리지를 바라보면 정말 행복한 마음이 들지."

"정말 그렇겠다. 오페라 하우스는 시드니의 보물 같은 곳이구나."

영국인이 처음 정착한 더 록스

"자, 이제 시드니의 역사를 찾아가 볼까?"

로키는 옛날 건물들이 모여 있는 곳으로 향했다.

"시드니는 날씨가 정말 좋아 보여. 높은 하늘에 구름 한 점 없네?"

"여기는 더 록스라는 지역이야. 영국인들이 오스트레일리아 대륙에 와서 처음으로 정착한 땅이지. 이 언덕에 바위가 많아 '록스(Rocks)'라는 이름이 붙었어. 시드니에서 이주민들이 일군 가장 오래된 지역 중 하나지. 시장도 있고 식당도 많아서 관광객들도 많이 찾는 곳이야."

"그런데 영국인들은 언제 오스트레일리아에 왔어?"

"오스트레일리아가 영국에 알려진 건 1770년 영국의 탐험가이자 해군 함장이었던 제임스 쿡(James Cook, 1728~1779)이 이곳에 상륙하면서야. 이 지역에 '뉴사우스웨일스'라는 이름을 붙인 사람도 쿡 선장이지. 미국이 독립하면서 식민지가 사라지자 영국은 1788년부

터 오스트레일리아 개척을 시작했어. 처음에는 범죄자들의 유배지로 생각했대. 처음 도착한 열한 척의 배에는 1,500명의 첫 이주민이 있었는데, 그중 절반은 죄수였지. 여기 봐. '퍼스트 임프레션스' 기념비야. 세 면에 각각 음각이 되어 있는데, 오스트레일리아에 정착한 다양한 이주민을 표현했어. 아이를 안고 있는 여성과 남성은 이민자를, 곡괭이를 든 사람은 죄수를, 총을 든 사람은 군인을 뜻하지."

세 개의 국기가 있는 나라

"그렇다면 오스트레일리아에 원래 살고 있던 사람들이 있었겠지? 바로 6만 년 전부터 살고 있었던 오스트레일리아 원주민들이야. 영국이 식민지를 개척하면서 평화롭게 살던 원주민들은 죽임을 당하거나 멀리 쫓겨났어. 한때 원주민들 모두 합쳐 100만 명에 이르렀는데, 백인들의 탄압과 그들이 가져온 전염병으로 인구는 10분의 1로 줄었지. 또 오스트레일리아 정부는 1900년부터 70년간 원주민 개화 정책을 폈어. 아이들을 부모와 분리하여 백인 가정에 입양시키고, 원주민 문화와 강제로 멀어지게 한 거야. 원주민이 선거권을 갖게 된 건 1968년이 되어서지. 지금 원주민의 수는 약 81만 명으로 오스트레일리아 인구의 3.2퍼센트 정도란다(2021년 기준)."

"식민지에 살던 원주민들은 모두 비슷한 상황을 겪었구나. 지금은

세 개의 국기

좀 달라졌겠지?"

"맞아. 1995년에는 원주민 국기가 지정되었어. 본토 원주민들의 국기와 토러스 해협의 섬에 사는 '토러스 해협인 기'가 만들어졌고 오스트레일리아 국기와 함께 같이 쓰이고 있어. 하버 브리지에도 세 개의 국기가 휘날리고 있지. 또 제임스 쿡 기념비에 쓰인 '1770년에 오스트레일리아 대륙을 발견했다.'라는 문장을 고쳐야 한다고 주장하는 사람들도 있어."

"맞는 말이네. 발견했다는 말은 아무도 살지 않고 있었다는 걸 의

미하니까, 원주민에게는 모욕적인 말이잖아."

"얼마 전 오스트레일리아 럭비 연맹은 그 해의 우승 팀에게 수여하는 '쿡 컵'의 이름을 바꿨어. 원주민 출신 럭비 선수 마크 엘라와 잉글랜드 럭비 선수이자 제1차 세계대전의 영웅 에드거 몹스의 이름을 조합해 '엘라-몹스 컵'이라고 지었지."

"역사를 바로 세우기 위해 지금도 계속 노력하고 있구나."

코알라가 잠꾸러기인 이유는?

"오스트레일리아 하면 떠오르는 동물이 있어?"

"당연하지! 캥거루와 코알라!"

"그럴 줄 알았어. 시드니에는 캥거루와 코알라를 볼 수 있는 곳이 많아. 중심가에서 가장 가까운 곳은 바랑가루 지역에 있는 시드니 야생 동물원이야. 하버 브리지 북쪽에는 전망 좋은 타롱가 동물원이 있지. 큰 산불이 났을 때 화상을 입은 동물들을 치료해 줬던 곳이기도 해. 또 버스로 한 시간 반 정도 가면 시드니 동물원과 피더데일 시드니 야생 동물 공원도 있어."

"우아, 동물원이 그렇게 많아?"

"우리는 달링하버도 볼 겸 가까운 곳으로 가 보자."

"캥거루랑 코알라를 만나다니, 기대된다!"

"여기는 바랑가루 보호구역이야. 이쪽에 보이는 항구는 달링하버야. 예전에는 이곳에 발전소와 조선소가 있었는데, 오스트레일리아 건국 200주년을 맞아 시민들이 즐길 수 있는 문화 장소로 바꾸었어. 아이맥스 극장, 아쿠아리움, 국립해양박물관 등이 있고, 우리가 볼 야생 동물원도 여기 있어. 이제 다 왔다! 들어가 볼까?"

다양한 동물들이 실내 사육장 안에 있었다. 오스트레일리아 중부에서 모래 250톤을 옮겨 와 비슷한 환경을 만들었다고 쓰여 있었지만, 동물들이 갇힌 모습은 아무래도 안쓰러웠다.

"여기서 가장 넓은 장소는 캥거루가 있는 곳이야. 캥거루과에는 캥거루, 왈라루, 왈라비 등이 있는데, 공통점은 새끼주머니가 있다는 거지. 몸집은 캥거루가 가장 커서, 꼬리 길이만 1미터나 돼. 캥거루는 근육질이라 한 대 맞으면 기절할 정도로 힘이 세."

"나도 동영상으로 캥거루가 싸우는 장면을 본 적 있어. 정말 권투 경기 같더라."

"오스트레일리아에는 멸종 위기에 처한 동물이 많아서, 어떤 동물은 만지면 벌금을 내기도 해. 그런데 어떤 동물은 귀엽게 웃는 얼굴로 사람들에게 스스럼없이 다가와 함께 사진을 찍는단다."

"우아, 그런 동물이 있어?"

"바로 쿼카라는 동물이야. 오스트레일리아에선 쿼카랑 셀카 찍는 게 유행이라니까! 쿼카는 작지만 캥거루처럼 새끼주머니가 있어."

"너무너무 귀엽게 생겼다! 나중에 우리도 쿼카랑 같이 사진 찍자."

"좋아. 하지만 동물을 만지면 안 된다는 건 기억해 줘! 얘는 웜뱃이라고 해. 펑퍼짐한 얼굴이 코알라랑 비슷해 보이지만 몸은 햄스터랑 비슷하고 몸무게가 25~40킬로그램까지 나가. 정육면체 모양의 똥을 누는 동물로도 유명하지. 새끼주머니도 있는데, 특이하게 배가 아닌 엉덩이 쪽에 있어."

"정육면체 똥이라고? 하하. 오스트레일리아에는 신기한 동물들이 많이 사는구나."

"자, 이제 오스트레일리아의 마스코트 코알라를 소개할게. 코알라도 새끼주머니를 가지고 있어. 새끼를 주머니 안에서 몇 개월 키우

시드니 야생 동물원의 코알라 어미와 새끼

다가 반년 정도는 업어서 키워. 유칼립투스 잎을 좋아하는데, 독성 때문에 새로 난 어린잎만 골라 먹어. 코알라는 하루에 20시간이나 자는데, 그건 유칼립투스의 독성 때문이야."

"코알라가 게을러서 잠을 많이 자는 게 아니었구나."

"게다가 야행성이라서 낮에 깨어 있는 경우가 별로 없어. 코알라는 원주민 말로 '물을 먹지 않는다'는 뜻이야. 유칼립투스 잎과 잎에 묻은 이슬로 수분을 섭취하지."

"귀여운 동물들 덕분에 시드니가 더 좋아졌어. 하지만 동물들은 동물원보다 자연에 있어야 더 행복할 것 같아."

"네 말이 맞아. 나도 이렇게 자유롭게 돌아다니는 게 좋은걸! 오늘 여행은 이제 마칠게. 어때? 시드니가 최고의 도시지?"

우리 도시 유명 축제

아름다운 새해 전야제

　나는 시드니 새해 전야제가 세계에서 가장 아름다운 축제일 거라고 생각해. 밤 9시부터 불꽃놀이가 시작되는데, 이 시간의 불꽃놀이는 일찍 자야 하는 어린이들을 배려한 거야. 가족 모두가 함께 즐길 수 있도록 말이야. 새해로 넘어가는 자정이 되면 다시 성대한 불꽃놀이가 시작돼. 하버 브리지와 오페라 하우스가 화려한 불꽃으로 물들고, 큰 배를 띄워서 공중으로 커다란 폭죽을 쏘아 올리지. 여기에 조명 쇼와 음악 공연까지 펼쳐지면 말 다했지. 많은 사람들이 새해를 맞이하기 위해 이 주변에 모여 특별한 순간을 기념한단다.

　그런가 하면 5~6월 사이에 개최되는 빛 축제도 있어. 비비드 시드니(Vivid Sydney)라고 하는데, 화려한 빛으로 꾸며진 시드니를 만날 수 있지. 오페라 하우스를 포함한 시드니의 상징 건물들이 다양한 조명으로 꾸며지고, 여기에 음악과 영상까지 더해져 시드니의 겨울밤을 환상적인 풍경으로 바꿔 놓지. 한국이 여름일 때 남반구에 있는 오스트레일리아는 겨울이라는 걸 잊지 마.

시드니 새해 전야제의 불꽃놀이

나라 : 아랍에미리트
언어 : 아랍어
화폐 : 디르함 (1디르함은 약 400원)
*2025년 5월 기준

8
과거와 미래가 공존하는 도시
두바이

"인절미, 네 친구 중에 새도 있었어? 세상에!"
"뭐라는 거야? 나는 그냥 새가 아니라 매야! 아랍에미리트는
아주 오래전부터 매사냥을 해 왔던 나라고,
나는 아랍에미리트를 상징하는 고귀한 존재란 말이지.
예우를 갖춰 줘."
"미, 미안해. 만나서 정말 영광이야.
그런데 인절미랑은 어떻게 친구가 된 거야?"
"우린 유네스코 인류 무형 문화유산 모임에서 만났어.
한국도 매사냥의 전통을 가진 나라잖아.
아, 인사가 늦었네. 마르하바!
내 이름은 히크마야.
아랍어로 '지혜'를 뜻해."

세계에서 가장 높은 빌딩, 부르즈 할리파

히크마는 몸에 바디캠을 차고 삐이~ 소리를 내며 날아갔다.

"두바이는 온통 사막일 줄 알았는데, 고층 빌딩만 보여. 사람들은 다 어디로 간 거지?"

"다들 에어컨이 나오는 건물 안에 있지. 두바이는 아주 뜨거운 도시야."

"도로 위가 얼마나 뜨거운지 아지랑이가 피어오르는 게 보여."

히크마는 빌딩 숲을 가로지르더니 은색으로 반짝이는 우뚝 솟은 빌딩을 향해 날아올랐다.

"여기는 부르즈 할리파야. 2010년에 지어졌는데, 높이가 828미터나 돼. 세계에서 가장 높은 건축물이지. 우리도 꽤 높이 날 수 있지만 이 건물이 지어질 때 정말 놀랐어. 이렇게 높은 건물은 처음 보았거든. 한국의 건설사에서 만들었으니 자부심을 가져도 좋아."

"우아, 나도 텔레비전에서 이 빌딩에 올라가는 사람들을 본 적이 있어. 엘리베이터를 타고 전망대가 있는 148층까지 올라가는데, 너무 높아서 귀가 멍해진다고 했어."

"1초에 10미터씩 올라가. 148층이 555미터에 있으니 55초쯤 걸리겠네. 하지만 내가 더 빨라. 난 시속 300킬로미터의 속도로 공중에서 먹잇감을 찾아 내려가거든."

"맞아! 속도는 매를 따라갈 수 없지! 그런데 148층이 꼭대기는 아니지? 몇 층짜리 건물이야?"

"지상 163층까지 있고, 첨탑층까지 포함하면 209층이야."

"163층이나 되는 건물 안에는 뭐가 있는 거야?"

"호텔과 아파트, 사무실, 쇼핑몰 등이 있어. 그리고 이 높은 건물을 유지하고 관리하기 위한 시설과 기계실도 많지."

히크마는 부르즈 할리파를 몇 바퀴 돌며 전망대 안을 보여 줬다.

"전망대는 124~125층, 148층, 그리고 152~154층에 있어. 두바이에 온 사람이라면 꼭 한번 오고 싶어 하는 곳이지."

히크마는 다시 도심을 가로질러 바람을 타고 날았다. 앞쪽에 푸른 선이 보이더니 어느새 드넓은 바다가 펼쳐졌다.

두바이가 작은 어촌 마을이었다고?

"두바이에 바다가 있구나?"

"옛날에 두바이는 작은 어촌 마을이었어."

"이렇게 현대적인 곳이 옛날에는 작은 어촌이었다니!"

"진주를 채취하고 해양 산업이 발전하면서 상인들이 모여들기는 했지만, 두바이의 본격적인 발전은 1960년대 석유가 발견되면서부터 시작되었어. 그때부터 상업과 무역, 금융업이 엄청나게 발전했으

팜 주메이라

니까. 자, 여기를 봐. 바다 위에 문양이 보여?"

"저게 뭐지? 가지가 많은 나무 같기도 하고, 특이하네!"

"바로 종려나무야. 대추야자가 열려서 대추야자 나무라고도 하지. 그 모양으로 인공 섬을 만든 거야. 마른 사막에서 자라는 대추야자 나무는 강한 생명력을 상징하거든. 풍요와 다산을 상징하기도 하고 말이야. 그리고 주렁주렁 달리는 열매가 얼마나 달고 맛있는지 몰라. 아랍에미리트의 대표 디저트라고 할 수 있지."

"오, 그러고 보니 정말 야자수랑 비슷하게 생겼네!"

"두바이의 해안에는 이런 종려나무 모양 인공 섬이 세 개 있어. 세 섬의 이름은 팜 주메이라, 팜 제벨 알리, 팜 데이라야. 인공 섬 위에

　　는 호텔과 숙소, 공원, 식당, 워터파크가 있고, 많은 사람들이 해변을 즐기기 위해 찾는 곳이기도 해. 낮에는 너무 뜨거워서 주로 해가 질 무렵에 사람이 많아."

　"오, 워터파크! 너무 재밌겠다."

　"초승달 모양의 섬, 세계 지도 모양의 섬도 있단다. 보여 줄게."

히크마는 해변을 지나 바다 위를 날았다. 조금 지나니 정말 세계 지도 모양의 섬이 보였다.

"대단하다! 그런데 왜 이런 섬을 만든 거야?"

"두바이는 세계 최초로 뭔가를 만드는 걸 좋아해. 아무도 생각하지 못했던 섬을 만들거나 세계에서 가장 높은 건물을 만들어 주목받으면 관광 산업을 발전시킬 수 있고, 국제 무역에도 도움이 되지."

현재와 과거를 가르는 두바이 프레임

히크마가 다시 육지를 향해 한참 날갯짓을 하자 거대한 사각형 모양의 건축물이 나왔다. 가운데가 뻥 뚫려 있어, 문 같기도 하고 액자 같기도 했다.

"엄청 크다! 이게 뭐야?"

"이곳은 두바이 프레임이라고 해. 세계 최대 크기의 액자라고 할 수 있지. 이 문을 기준으로 과거의 두바이와 현재의 두바이로 나뉘어. 과거의 두바이 쪽에서 액자를 바라보면 미래의 두바이 사진을 찍을 수 있고, 현재의 두바이 쪽에서 바라보면 과거의 두바이 모습이 액자 안에 들어와. 이 거대한 액자는 미국에 있는 자유의 여신상보다 60미터나 더 높은 크기야. 굉장하지? 내가 현재의 두바이 쪽에서 액자를 통과해 두바이의 오래된 과거를 보여 줄게."

두바이 프레임

"우아, 눈부셔. 거대한 황금색 액자잖아?"

"찬란하게 빛나는 두바이의 모습을 보여 주는 것 같지 않니?"

히크마가 날아오르자 아래는 온통 황토색 집과 사원이 보였다. 아까 본 현대적인 건물들과는 또 다른 분위기였다.

"여기는 '버 두바이'라고 불러. 두바이에서 가장 오래된 지역으로, 수크가 있어. 수크는 오랜 옛날부터 향신료와 장신구, 다양한 물건을 거래하는 시장이야. 들어가면 금 시장도 있어. 약 100년 전부터 금 무역을 하기 위한 시장을 만들었는데, 지금은 세계에서 두 번째로 큰 금 거래 시장이 되었지."

히크마는 수크 안으로 들어가 번쩍이는 가게들을 보여 줬다. 가게 전체가 온통 황금색으로 빛났고 너무 무거워 목에 걸 수 있을까 싶은 목걸이들이 전시되어 있었다.

"사람들은 '아브라'라고 부르는 전통 배를 타고 이곳 수크를 찾아. 다음에 두바이에 오게 된다면 한번 타 보렴."

알 마르뭄 사막의 유목민

"네가 상상했던 두바이는 어떤 모습이었어?"

"사막! 터번을 쓴 사람들이 낙타를 타고 사막을 건너는 걸 상상했어. 그런데 이렇게 현대적인 도시일 줄이야."

"두바이에도 사막이 있어. 그럼 사막으로 가 볼까?"

히크마는 또 한참 동안 날았다.

"아까까지 집이 드문드문 보이더니, 이제 끝도 없이 모래만 보여."

"이곳은 알 마르뭄 사막이야."

"사막이니까 덥겠지? 얼마나 더워?"

"여기도 여름과 겨울이 있어. 여름에는 기온이 섭씨 45도 정도이고, 겨울철은 섭씨 20~35도 정도 돼."

"으악, 겨울에 35도라니! 1년 내내 에어컨 없이는 살기 어려울 것 같아. 옛날에 두바이 사람들은 더위를 어떻게 견뎠을까?"

매를 훈련시키는 베두인족

 "오랜 옛날부터 이곳 사막에서 살아가는 사람들이 있어. '베두인'이라고 불리는 유목 민족인데, 중동 사막 지역에서 가장 오랜 역사를 가졌지. 베두인족은 끝없는 사막에서 별을 보며 방향을 파악하고, 주변 환경을 최대한 이용해 생존했어. 특히 낙타는 필수였지. 낙타는 교통수단이기도 했고, 젖과 고기는 영양 공급원이었고, 털은

카펫을, 가죽은 집과 신발을 만드는 데 썼어. 많은 낙타를 가진 베두인족은 부자였지. 그래서 낙타는 결혼할 때 신부 집에 가져가는 지참금으로도 쓰였어."

"사막에서 낙타는 쓸모가 많은 동물이구나."

"맞아. 그리고 우리 매는 베두인족과 아주 가깝단다. 매를 훈련시켜 사냥에 사용하기 시작한 것이 베두인족이거든."

"그렇구나. 먹을 것이 부족한 사막에서 매사냥으로 많은 도움을 받았을 것 같아."

"베두인족은 모든 것이 부족한 사막에 살면서도 낯선 사람을 귀하게 여기고 따뜻하게 환영해 줘. 손님이 찾아오면 대추야자와 커피를 대접하는 건 기본이지. 그런 전통은 지금까지도 이어져 오고 있어."

"어쩐지. 히크마가 나에게 친절하게 대해 준 것도 베두인족의 전통 덕분이구나?"

"그럴지도. 자, 오늘 두바이 여행은 여기까지야. 어땠어?"

"덕분에 몰랐던 걸 많이 알게 됐어. 고마워! 언젠가 두바이에 꼭 놀러 갈게."

우리 도시 유명 축제

이슬람의 큰 명절, 이드 알 아드하

아랍에미리트는 알라를 믿는 이슬람교를 나라의 종교로 삼고 있어. 이슬람교는 사람들의 일상생활에 많은 영향을 주고 있지.

이슬람교도에게는 크게 다섯 가지 의무가 있단다. 첫 번째는 알라 외에는 다른 신이 없다는 신앙 고백이야. 두 번째는 선지자 무함마드가 태어난 메카를 향해 하루에 다섯 번 하는 기도야. 하루에 다섯 번씩이나 기도하다니 귀찮을 것 같지만, 이슬람교도에게는 당연한 일상이지. 세 번째는 라마단 기간에 금식하는 거야. 라마단이 시작되면 한 달 동안은 해가 떠 있는 동안은 먹지 않고, 해 진 후에 푸짐하게 차려 먹어. 그래도 1일 1식이니 쉽지 않지. 네 번째는 헌금이야. 자기가 번 돈의 10분의 1을 기부하지. 마지막 다섯 번째는 '하즈'야. 일생에 한 번은 사우디아라비아의 메카로 성지 순

이드 알 아드하를 축하하는 사람들

이드 알 아드하 기간의 두바이 쇼핑몰

례를 하는 거야.

　성지 순례 기간이 끝나면 이슬람교도들의 가장 큰 명절이 시작돼. '이드 알 아드하'라고 불리는데, '희생제'라는 뜻이지. 하즈가 끝난 것을 기념하는 축제이기도 해. 두바이뿐만 아니라 이슬람 국가의 모든 마을과 도시가 화려하게 장식되고, 사람들은 맛있는 음식을 해서 서로 나누어 먹어. 특히 두바이 같은 대도시에서는 크고 작은 공연과 문화 행사도 많이 열려서 볼거리가 많아지지. 또 어마어마한 특별 할인이 시작되어 모두 쇼핑하느라 정신이 없어져. 세계에서 가장 큰 쇼핑몰이 두바이에 있으니, 쇼핑을 좋아하는 사람들이 무척 좋아할 거야.

나라 : 중국
언어 : 중국어
화폐 : 위안 (1위안은 약 200원)
*2025년 5월 기준

9
거대한 황제의 도시
베이징

"니하오! 내 이름은 링링이야."
"만나서 반가워, 링링. 나, 길거리에서 링링처럼 생긴 강아지를 본 적 있어. 페키니즈라는 종이라 들었는데, 맞아?"
"맞아. 베이징에서 왔다는 뜻이야."
"그럼 베이징에는 페키니즈가 많아?"
"응, 여기서는 우리를 아주 흔하게 볼 수 있어. 옛날에는 오직 황실에서만 우릴 키울 수 있었어. 우리 생김새가 사자를 떠올리게 하고, 귀신을 쫓아 준다고 믿어서 아주 소중히 여겼지."
"음, 사자는 아닌 것 같지만…… 갈기가 좀 비슷하긴 하다."
"오늘 보여 주고 싶은 곳이 너무 많은데, 내 걸음이 느려서 걱정이 돼. 베이징은 무지무지 큰 도시거든. 어서 출발하자."

세계에서 가장 큰 광장

링링은 가늘고 긴 털을 바람에 날리며 짧은 다리로 종종 걸어 커다란 광장에 도착했다. 그늘 하나 없는 광활한 광장에 관광객들이 가득했다. 광장만큼이나 거대한 붉은색 중국 국기가 바람에 날리고 있다. 성벽 위쪽도 붉은색 국기의 물결이다. 그리고 한가운데 마오쩌둥의 초상화가 큼지막하게 걸려 있었다.

"아휴, 힘들다. 여기는 톈안먼(天安門) 광장이야. 딱 봐도 엄청나게 크지? 세로 880미터, 가로 500미터로 세계에서 가장 큰 광장이지. 평상시에는 자금성(紫禁城, 쯔진청)으로 들어가기 전에 지나는 곳이지만, 국가 기념일과 같은 날에는 이곳에서 큰 행사가 열려. 광장 주변에는 인민 영웅 기념비, 마오쩌둥(毛澤東, 1893~1976)이 안치된 마오쩌둥 기념관, 인민대회당, 중국국가박물관이 있어."

"모든 광장은 옳지 않은 일에 맞서 싸우는 장소 같아. 지금까지 본 많은 도시가 그랬거든. 중국에서 그런 일은 없었어?"

"있었지. 1919년과 1926년에는 반제국주의 운동이 벌어졌고, 1976년에는 마오쩌둥의 문화대혁명에 반발하는 시위가 있었어. 문화대혁명은 낡은 사상과 문화, 습관, 풍속을 없애고 사회주의의 길로 나아가자는 것이었는데, 점차 과거의 모든 것을 파괴해 버렸거든. 그래서 그때 중국의 중요한 문화재와 기록들이 사라졌어. 또

1989년에는 톈안먼 사건이 있었어. 중국 공산당의 부패와 급작스러운 개방 정책에 학생들과 시민들이 항의했는데, 사람들에게 총을 쏘아 1,000여 명이 사망하는 사건이었어. 그때 얼마나 많은 희생자가 있었는지 아직도 정확히 발표되지 않았지."

"아, 중국에서도 그런 일이 있었구나."

하늘의 뜻으로 나라를 평안하게 하는 문

"톈안먼은 무슨 뜻이야?"

"톈안먼은 너희가 쓰는 한자음으로는 '천안문'이야. 명나라 초기 황제인 영락제(永樂帝, 1360~1424)가 만든 문인데, 천안(天安), 그러니까 하늘을 섬겨 나라를 평안하게 하고 백성을 다스린다는 뜻이야. 이 문 뒤에 자금성이 있지."

"우리나라도 경복궁 앞에 광화문이 있어."

"광화(光化)라……. 빛이 널리 비춘다는 뜻이네! 언제 만들었는지 한번 검색해 볼까? 광화문은 1395년에, 톈안먼은 1415년에 지었구나."

"어? 광화문이 톈안먼보다 먼저네?"

"명나라는 1368년, 조선은 1392년이니 비슷한 시기에 나라가 생겼어. 영락제는 수도를 난징에서 베이징으로 옮겼는데 그때가 1421년이었고, 그 전해인 1420년에 자금성을 완성했다고 해. 조선의 경복궁이 자금성보다 먼저 지어지긴 했지만, 중국의 법도에 따라 궁을 지어 두 나라의 궁은 비슷한 느낌이 들어. 당시 동아시아의 정치·경제·문화적 중심은 중국이었거든. 자, 이제 들어가 볼까?"

링링은 종종걸음으로 관광객들 사이를 비집고 지나갔다. 베이징은 다른 도시에 비해 무엇이든 훨씬 크고, 사람들도 많은 것 같았다.

자금성을 다 보려면 하루도 모자라

"자금성과 경복궁의 몇 가지 다른 점을 이야기해 줄게. 톈안먼에는 입구가 다섯 개가 있어. 광화문은 세 개일 거야."

"왜 그런 거지?"

"톈안먼은 황제의 문이고, 광화문은 왕의 문이기 때문이야. 왕은 양옆으로 신하만 거느리고 가지만, 황제는 지역의 임금인 제후를 양옆에 거느리고 들어가거든. 그래서 문이 더 필요한 거야. 또 다른 게 있어. 자금성의 지붕 색은 황금색인데, 황금색은 황제만이 사용할 수 있는 색이어서 다른 나라는 사용하지 못해. 중국의 황제는 황금색 옷을 입었는데, 조선의 왕은 무슨 색 옷을 입었지?"

"붉은색?"

"맞아, 붉은색을 입었어. 그리고 황제는 용이 그려진 옷을 입었지만, 왕은 봉황이 그려진 옷을 입었지. 그때는 주변 나라에 영향을 줄 만큼 중국의 힘이 막강하던 시대였어."

"세종 대왕이 한글을 만들 때도, 어떤 신하들은 한자가 있는데 왜 한글을 만드냐고 반대했다고 그랬어. 그때는 중국을 섬기는 게 당연했나 봐. 아! 그리고 보니 우리나라 왕이 황금색 옷 입은 사진을 본 적이 있어. 어느 시대더라?"

"아마 조선 뒤의 대한제국 때일걸?"

"맞다! 고종이 황제여서 황금색 옷을 입었구나!"

"자금성은 너무 커서, 여길 다 돌아보려면 오늘 하루도 모자랄 거야. 곧바로 일직선으로 걸어갈 테니 너무 실망하지 마."

"괜찮아, 링링. 다음에 베이징에 가면 자세히 볼게."

"좋아. 자, 방금 지나온 다섯 개의 문 앞에 바로 태화전이 있어. 태화전까지 올라가는 계단도 어마어마하게 높단다."

링링은 힘들게 계단을 올라가면서도 나에게 설명하는 것을 잊지 않았다.

"보라색을 뜻하는 자금성의 '자(紫)'는 북극성을 의미해. 중국은

이게 바로 황제의 옷이구나!

태화전을 보러 온 많은 사람들

북극성을 중심으로 우주가 움직인다고 믿었고, 중국의 황제는 하늘로부터 신성함을 부여받은 황제라고 생각했어. '금(禁)'은 금지되었다는 뜻으로 황제의 허락 없이는 들어올 수 없는 성을 뜻해. 건물이 970개, 방은 8,707개나 돼. 그중에서도 가장 큰 건물인 태화전에서는 황제 즉위식과 같은 중요한 행사가 열렸어."

"우아. 크기도 어마어마하고, 사람들도 어마어마하게 많다!"

먹거리 천국, 왕푸징 거리

"힘들어서 안 되겠어. 뭘 좀 먹어야지."

"뭘 먹으러 갈 거야?"

"일단 왕푸징 거리로 가야지! 먹을 것이 가득한 곳이거든. 자금성 바로 근처야."

링링은 총총 빠르게 걸었다.

"왕푸징(王府井)은 '왕족의 우물'이란 뜻이야. 청나라 때 왕족의 주택이 모여 있던 곳인데 우물이 있어서 그렇게 부르게 됐지. 지금은 베이징에서 가장 번화한 쇼핑가가 됐어. 한국인들이 좋아하는 먹자골목으로 가 볼게. 전갈, 지네, 불가사리와 같은 꼬치구이를 팔아."

"전갈과 지네를 먹는다고?"

"응, 고소하고 맛있어. 물론 난 고기를 더 좋아하지만."

링링은 여러 가지 음식을 팔고 있는 가게를 보여 줬다.

"와, 진짜 신기한 꼬치구이가 많다! 전갈이랑 불가사리가 그대로 꽂혀 있다니! 딸기 탕후루 너무 맛있어 보여. 어? 떡볶이도 파네?"

"응, 한국의 떡볶이도 여기에서 맛볼 수 있지. 나중에 오면 정말 한국 떡볶이 맛인지 한번 먹어 봐. 난 베이징카오야(北京烤鴨)를 먹을 거야."

"그게 뭐야?"

"옛날 원나라 때부터 내려온 음식인데, 오리를 화덕에 매달아 구운 요리야. 톈몐장이라는 소스를 곁들이고, 오이와 함께 밀전병에 싸서 먹어. 겉은 바삭하고 속은 살살 녹는 카오야는 세계 최고의 맛이지. 나랑 함께 사는 보호자가 여기에서 카오야 식당을 해."

링링이 한 가게로 뛰어 들어가자 마음씨 좋아 보이는 여자 사장님이 "링링!" 하고 외치며 머리를 쓰다듬고 껴안아 줬다.

"와, 식당에 사람이 꽉 찼어. 인기가 많은 곳인가 봐."

전갈이랑 지네 맛이 궁금해!

사장님은 그릇에 고기를 잔뜩 썰어 물과 함께 내줬다. 링링은 쩝쩝 소리를 내며 맛있게 먹었다.

만리장성의 길이는 정말 만 리?

링링은 배가 부른지 콧노래를 부르기 시작했다.

"이젠 어디로 갈 거야?"

"만리장성으로 가자! 우리는 줄여서 창청(长城)이라고 불러 여기에서 버스를 타면 한 시간이면 도착해. 난 좀 자야겠으니 코 고는 소리가 들리더라도 이해해 줘."

"크크, 알았어."

링링은 자연스럽게 버스에 올라타더니 좌석 아래에 자리를 잡았다. 잠시 뒤 사람들이 버스 안을 가득 채웠고, 사람들의 이야기 소리로 한동안 시끄러웠다. 링링은 소리에 아랑곳없이 코를 골고 잤다. 한 시간쯤 지나니 사람들이 버스에서 내리기 시작했고 링링도 내렸다.

"여기는 바다링(八达岭) 국립 공원이야. 만리장성은 굉장히 넓은 지역에 걸쳐 있는데, 나는 베이징에서 가까우면서 관광객들이 가장 많이 오는 곳으로 왔어. 만리장성으로 올라가는 방법은 케이블카, 슬라이딩카, 그리고 두 시간 정도 걸어 올라가는 방법이 있지. 나는 케이블카를 타고 올라갈게. 5분이면 올라가거든."

링링은 입장권도 끊지 않고 자연스레 케이블카를 탔다. 케이블카 밖으로 보이는 만리장성의 모습이 또렷했다.

"세상에, 어떻게 이런 산꼭대기에 성을 쌓을 수 있었지? 정말 끝도 없이 산줄기를 따라 성벽이 이어지는 게 너무 신기해."

"성을 처음 만든 건 진시황이라는 황제였어. 흉노족과 같은 이민족들의 침입을 막기 위해 쌓았는데, 그 이전에 있던 성곽을 보완해서 잇고, 또 새로 쌓았지. 높고 위험한 곳에 성을 쌓다 무너져 많은 사람이 죽기도 했어."

올라가니 바람이 많이 불었다. 링링의 털이 날려 앞이 보이지 않을 정도였다.

"이렇게 센 바람이 오랜 세월 불었을 텐데, 무너지지 않은 것도 신기해."

"만리장성을 자세히 보면 흙으로 만든 곳이 있고, 벽돌로 만든 곳도 있어. 흙에는 볏짚을 섞어 튼튼하게 쌓았어. 벽돌은 명나라 이후에 쌓은 거야. 여러 왕을 거치며 16세기에 현재의 만리장성이 완성되었지. 1987년에는 유네스코 세계 문화유산으로 등재되었어."

"그런데 만리장성의 길이는 정말 만 리야?"

"길이를 어디까지 포함시키냐에 따라 조금씩 다르지만, 대개 5,000~6,000킬로미터로 보고 있어. 1만 리가 약 4,000킬로미터니까 더 긴 거지. 세계에서 인공적으로 만든 건축물 중에 가장 길어.

산맥과 계곡의 지형적인 특성을 잘 활용해 지었기 때문에 방어력이 뛰어난 성이었어."

"와, 높은 데까지 올라오니까 전망이 근사하다!"

"자, 이제 슬슬 내려가 볼까? 내려갈 때는 슬라이딩카를 탈 거야. 무지 재밌으니까 기대해도 좋아. 오늘 베이징 소개는 여기서 끝!"

우리 도시
유명 축제

중국의 봄 축제, 춘지에

　중국에서 가장 큰 축제는 춘지에(春節)야. 시기는 해마다 조금씩 다르지만 2월쯤으로, 한국의 명절인 음력 설날과 같은 날이야. 중국에서는 중화인민공화국의 건국 기념일인 궈칭제(国庆节)와 함께 가장 큰 명절로 생각한단다. 거리에는 홍등이 걸리고, 커다란 용이나 사자 탈을 쓰고 춤을 추며 행진을 하기도 해. 집과 건물 입구에는 붉은색 종이에 복을 비는 말을 적어 붙이지.

　춘지에 때 중국 사람들은 폭죽을 터뜨려 귀신을 쫓는 풍습이 있어. 큰 소리가 날수록 귀신이 무서워한다고 생각해서, 귀가 멍해질 정도로 어마어마

춘지에의 사자 탈 행진

춘지에 기간, 기차역의 많은 사람들

한 양의 폭죽을 터뜨린단다. 하지만 요즘은 폭죽이 매캐한 냄새, 연기 등으로 환경을 오염시키고 소음 문제, 안전 문제를 일으킨다고 생각하는 사람이 많아. 베이징 시내에서도 폭죽 터뜨리는 것을 금지하고 있지.

 큰 명절인 만큼 대부분의 사람들이 일주일이나 열흘 정도 쉬면서 고향을 방문해 가족들과 만나. 가족이 함께 모여 만두를 빚어 먹고, 만두뿐만 아니라 다양한 요리를 만들어 먹어. 또 이때 긴 휴가를 이용해 국내 여행이나 해외 여행을 가는 사람도 많아. 이 시기에는 고속버스, 기차, 비행기 등 모든 교통이 예약되어 이용이 어렵고, 관광지는 인산인해를 이루지. 식당이나 관공서들도 대부분 문을 닫아. 그래서 중국을 방문하는 여행자들에게는 불편한 점이 많아. 중국에 온다면, 이때를 피해서 오는 것이 좋아.

나라 : 대한민국
언어 : 한국어
화폐 : 원

10
천 년 수도의 역사를 간직한 도시
경주

"안녕, 친구들! 잘 지냈어? 그동안 너희들 덕분에
나의 집사가 학교 숙제를 열심히 할 수 있었대.
너희가 소개한 모든 도시가 다 좋아서 숙제를
아홉 개나 냈다는 거야. 선생님 눈이 휘둥그레졌다나?
모두 너희 덕분이야. 집사가 감사의 인사로 너희들에게
한국의 유서 깊은 도시, 경주를 소개해 주겠대.
집사가 스마트폰 카메라로 찍고 나 인절미는 집사가 멘
고양이 가방 안에 있을 거야. 지금부터 영상으로 잘 봐 줘."

신라의 천 년 수도, 경주

"안녕? 나는 한국의 경주에 사는 은수야. 자랑스런 도시 경주를 소개하게 되어서 정말 기뻐. 경상북도 경주시는 신라의 역사를 간직한 유서 깊은 도시지. '신라'라는 나라를 소개하고 싶은데, 그 전에 먼저 한국의 고대 국가에 대해 설명해 줄게. 우리나라는 기원전 2333년 고조선이라는 최초의 통일 국가에서 시작되었어. 지금의 북한과 만주를 포함한 땅에 살았는데, 나중에는 여러 개의 고대 국가로 나뉘었어. 4~7세기에는 고구려, 백제, 신라라는 세 나라를 이루었고, 신라가 나머지 세 나라를 통일시켜 10세기까지 번성했어. 신라의 수도였던 곳이 바로 여기 경주야. 경주는 약 천 년 동안 신라의 수도였

대릉원

단다. 천 년 이상, 한 나라의 수도였던 도시가 또 있을까?"

"1,200년 동안 수도였던 로마가 있지!"

벨라가 말했다.

"파리는 5세기 말부터 지금까지 수도이기는 한데, 한 나라는 아니었어. 나라가 여러 번 바뀌었지."

사르트르가 말했다.

"천 년 동안 한 나라의 수도가 되는 건 세계 역사에서도 드문 일이야. 경주에는 어떤 특별한 매력이 있는지 소개해 줄게. 가장 먼저 보여 줄 장소는 신라 시대의 유물이 가장 많이 발견된 곳이야."

고분들이 모여 있는 대릉원

"저쪽 좀 봐. 무엇처럼 보여?"

"무덤이 여러 개 모여 있는 것 같은데? 진시황릉도 저렇게 생겼어. 물론 규모는 훨씬 더 크지만."

"링링 말이 맞아. 무덤이야. 고대 무덤 23기가 모여 있어서 대릉원이라고 불러. 미추왕의 무덤인 미추왕릉을 제외하고는 무덤의 주인이 누구인지 밝혀지지 않았단다. 그중에 천마총이 있는데, 천마총은 안을 볼 수 있도록 공개해 놓았어. 한번 들어가 보자."

천마총 입구에 들어서자 온통 캄캄했다.

"무덤 안으로 들어오니 으스스하지? 이렇게 나무로 공간을 만든 뒤 돌을 산처럼 쌓고 점토로 덮은 무덤을 돌무지덧널무덤이라고 해. 발굴 당시 모습을 재현해 놓았단다. 황금관과 황금 허리띠, 황금 신발, 목걸이 같은 게 보이지?"

"신기하다. 그런데, 하얀 동물 그림이 보여. 말인가? 용인가?"

"이건 천마도 말다래야. 천마(天馬)는 '하늘의 말'인데, 신성한 동물을 뜻해. 말다래는 말 옆구리에 대어 흙이 튀는 걸 방지하는 도구야. 자작나무를 여러 겹 덧대어 만들었대. 천마도는 신라의 유일한 회화 유물이어서 더 소중하지."

밖으로 나오니 사람들이 긴 줄을 선 곳이 있었다.

"저 사람들은 왜 줄을 서 있는 거지?"

눈 좋은 히크마가 물었다.

"사진을 찍으려고 차례를 기다리는 거야. 고분을 등지고 앞쪽에

천마도

유리잔

목련 나무가 있는 곳인데, 저기서 사진을 찍으면 예쁘게 나온다고 소문이 나서 명소가 됐지. 저곳에 있는 무덤은 황남대총이라는 특이한 무덤이야. 무덤이 마치 혹이 두 개인 낙타처럼 생겼어."

"왜 저 무덤만 저렇게 생긴 거야?"

"다른 고분과는 생김새가 달라서 학자들도 궁금해했대. 발굴해 보니 북쪽에는 금관과 여자의 유물이, 남쪽에는 무기와 남자의 유물이 있어 부부의 무덤으로 추정하고 있어. 안에서는 금관과 금 허리띠 같은 장식품 외에도, 특이하게 4~5세기 지중해 연안 유물인 유리병과 유리컵, 유리구슬 목걸이가 발견되었지."

"와, 그건 로만 글라스잖아! 여기서 우리 로마가 나오네?"

벨라가 반가워하며 말했다.

"당시에는 금이나 은보다 유리가 훨씬 더 귀하게 대접받았대. 그래서 무덤에서도 가장 중요한 머리맡에 유리병과 유리컵이 놓여 있었다고 해. 벨라 말대로 이 유물은 지중해 연안이나 시리아, 페르시아와 같은 나라에서 만들어진 물건이 육로나 바닷길을 이용해 신라까지 왔다는 것을 보여 주는 귀중한 유물이야."

"역시 세계는 옛날부터 소통하고 있었어. 아무리 교통이 불편했더라도 말이지."

벨라가 말했다. 그때 히크마가 궁금한 듯 물었다.

"그런데, 왜 어떤 무덤은 '능'이라고 하고, 어떤 무덤은 '총'이라고 하는 거야?"

"무덤의 주인이 밝혀진 것은 '능'이라고 해. 미추왕의 무덤, 미추왕릉처럼. 주인이 밝혀지지 않은 무덤은 '총'이라고 해. 천마총이나 황남대총처럼 말이야."

세계에서 가장 오래된 관측대

"이곳은 선덕여왕 때 지어진 첨성대야. 단단한 화강암으로 만들어졌는데, 전 세계에 남아 있는 천문 관측 건물 중 가장 오래됐어. 경주는 지진이 자주 일어나는 지역인데도 1,400년 동안 처음 모습 그대로 있는 게 정말 대단하지? 『세종실록』 기록에 의하면 백제에서

아비지를 초빙해 633년에 만들었다고 해. 아비지는 불교 유적인 황룡사 9층 목탑을 만든 사람이기도 해. 부처님께 주변 아홉 나라로부터 신라를 보호해 달라며 만들었는데, 안타깝게도 13세기 고려를 침략한 몽골에 의해 불타 사라지고 터만 남아 있지."

"첨성대 앞에서 관광객들이 사진 찍는 걸 보니 그리 커 보이지는 않아. 천문 관측대라면 더 높아야 하지 않을까?"

페로가 궁금해했다.

"첨성대 높이는 9미터 정도니까 요즘의 천문 관측대와 비교하면 차이가 있지. 높은 산이 더 잘 보일 텐데 하필 왜 이런 평지에 관측대를 설치했을까? 궁금해서 나도 찾아봤는데, 궁과 가까운 곳을 관측 장소로 정한 것 같아. 또 당시 관측 기술로는 그 정도 높이가 충분했을 거래. 천문 관측으로 농사와 관련된 시기를 정하고, 나라의 미래도 점쳤지."

"그런데 저기는 어떻게 올라가는 거야? 창문만 있잖아."

"창문으로 보이는 곳이 입구야. 사다리를 놓고 입구로 올라가면 내부는 굵은 자갈과 흙으로 가득 채워져 있어. 이 때문에 1,400년 동안 무너지지 않은 거야. 아래쪽이 튼튼히 받치고 있으니 말이야. 입구인 중간부터 위까지는 텅 비어 있고, 그곳에서 다시 사다리를 놓고 꼭대기까지 올라가서 관측했지. 그리고 한 가지 흥미로운 사실이 있어. 첨성대를 구성하는 돌의 개수가 362~366개인데 이것은

1년을 뜻한대."

"우아, 정말 신기하다!"

놀라운 건축의 과학, 불국사와 석굴암

"신라는 불교를 믿는 국가였어. 그래서 그때 만들어진 불교 유적들이 많이 남아 있단다. 지금 소개할 곳은 시내에서 버스를 타고 한 시간 정도 가야 해."

버스를 타고 이동하는 동안 등 뒤에서 인절미의 코 고는 소리가 들렸다. 나도 깜빡 잠이 들었는데 "불국사입니다!" 하는 소리에 벌떡 일어나 서둘러 버스에서 내렸다. 나는 입구로 걸어가며 다시 이야기를 시작했다.

"불국사는 경덕왕 때 김대성이라는 사람이 현생의 부모님을 위해 짓기 시작했대. 근처에 있는 석굴암은 전생의 부모를 위해 지은 절이고. 그런데 죽기 전에 완공하지 못해서 나중에는 나라에서 마저 짓고 국가의 복을 비는 절로 삼았대. 현재의 불국사는 조선 시대 임진왜란 때 불타고 난 뒤 여러 왕을 거치며 고치고 증축한 거야."

계속 오르막길이라 숨을 헐떡이며 이야기하는데 이번에는 계단이 나왔다. 대웅전으로 가는 길은 두 개의 돌계단이 있는데 사람들이 오르지 못하게 막아 놓았다.

청운교(위쪽 계단)와 백운교(아래쪽 계단)

"저 계단은 왜 막아 둔 거야?"

"대웅전으로 가는 계단인데 동쪽의 계단은 청운교와 백운교, 서쪽의 계단을 연화교와 칠보교라고 해. 계단인데 다리 모양으로 만들어진 게 특이하지? 이것은 부처님의 세계로 건너가는 길을 상징적으로 만든 거야. 이 계단을 오르면 깨달음을 얻을 수 있대. 예전에는 걸어서 오를 수 있었는데 새겨진 조각이 자꾸 닳아 사라지는 탓에 지금은 문화재 보호 차원에서 막아 둔 거지. 자, 이제 대웅전이 있는 뜰로 들어가 볼게. 두 개의 탑이 보여? 동쪽에 있는 탑은 다보탑, 서쪽은 3층 석탑(석가탑)이야. 3층 석탑에서는 『무구정광대다라니경』이

다보탑(왼쪽)과 3층 석탑(오른쪽)

발견되었는데 세계에서 가장 오래된 목판 인쇄물로 유명해. 다보탑 안에 있던 사리와 유물은 돌계단 위에 있던 돌사자 세 마리와 함께 일제 강점기 때 사라져 버렸어."

"식민지의 유물들은 다 비슷한 신세였구나."

페로가 한숨을 쉬며 말했다.

"이번엔 석굴암으로 이동할게. 석굴암은 산에 있어. 10분 정도 버스를 타고, 다시 15분 정도 걸어야 해."

문 닫는 시간이 얼마 남지 않아 서둘러야 했다.

"석굴암은 토함산 중간에 화강암으로 지은 절이야. 단단한 화강암을 마치 부드러운 점토를 빚은 듯 신비롭게 조각한 기술은 동아시아 불교 조각 중에 최고의 걸작으로 꼽혀. 입구에서 통로를 거쳐 원형 공간으로 가게 되는데, 원래 석가여래불상을 중심으로 그 주위 벽면에 인물 40개가 조각되어 있었대. 지금은 38개만 볼 수 있어. 이곳 역시 일제 강점기의 슬픈 역사가 있어. 석굴암은 오랫동안 방치되었다가 일제 강점기에 복원되었는데, 허술하게 시멘트로 보수하는 바람에 통풍이 되지 않는 문제가 생겼어. 석굴암의 원래 모습을 살리지 못한 거지."

"일제 강점기 이후 한국에서 직접 보수하지는 않았어?"

페로가 물었다.

"1960년대에도 복원 공사를 시도했어. 하지만 해답을 찾지 못했지. 결국 문화재 보존을 위해 유리로 막고 에어컨을 틀어 습기를 조절할 수밖에 없었대."

"그렇구나. 가까이서 볼 수 없다니, 너무 아쉬워."

발굴되지 않은 수많은 유물들

버스를 타고 경주시로 돌아오니 어느새 해 질 녘이 가까워졌다.

"여기는 신라의 왕자들이 살던 별궁이 있던 자리야. 동쪽에서 해가 뜨잖아? 왕자 중 누군가는 왕이 돼. 그래서 '뜨는 해'로 비유하며

석굴암

왕자들이 머물던 곳을 동궁(東宮)이라고 불렀어. 동궁은 삼국 통일이 된 이후 679년에 지어졌지."

"그럼 왕은 어디에 머물렀어?"

페르난도가 질문했다.

"왕은 월성(月城)에서 지냈어. 궁궐의 모습이 초승달처럼 생겼다고 월성이라고 불러. 동궁과 월지 남서쪽에 있는데 지금은 도로로 나뉘어 있어. 월성 아래쪽에는 남천이 흐르는데 이 강을 천연 '해자'로 삼고 나머지 면에는 인공적으로 도랑을 만들어 둘렀어. 자연 지형을 이용해 흙벽을 쌓아 만든 토성에 해자가 둘러싸여 있으니 궁이자 요새였지. 월성은 아직 유물 발굴이 완료되지 않았어. 경주가 천 년 동안 수도였으니 얼마나 많은 유적이 그곳에 묻혀 있을까?"

"로마도 비슷해. 땅만 파면 유물이 나와서 새로운 건물을 짓는 게 불가능에 가깝지."

벨라가 거들었다.

"유물이 발굴되고 더 복원이 된다면 경주가 신라의 역사를 더 잘 보여 줄 것 같아. 뉴욕은 현대적인 건축물만 가득해서 아쉬워."

메이가 말했다.

"동궁도 아직 세 곳밖에 복원이 안 됐어. 월지와 임해전이 주요 볼거리지. 월지(月池)는 달의 연못이라는 뜻이야. 동서 길이가 200미터, 남북 길이가 180미터 정도 되는데 남서쪽의 둘레는 건물을 따라

직선으로 하고 북동쪽은 구불구불한 곡선으로 만들어 연못의 끝이 어디인지 잘 보이지 않게 만들었어. 동궁의 연희 장소로 쓰인 '임해전(臨海殿)'은 바다를 내려다보는 전각이라는 의미야. 바다 느낌을 주는 연못이랄까? 와, 드디어 조명이 켜졌다. 저것 좀 봐!"

월지를 따라 조명이 켜졌다. 연못에 임해전의 모습이 그대로 비치고 나무들도 월지에 담겨 연못 안에 또 다른 궁전이 펼쳐졌다.

"경주 소개는 여기까지야. 어때? 경주가 왜 유명한지 알겠어?"

우리 도시 유명 축제

볼거리가 많은 신라 문화제

　경주가 가장 아름다울 때는 벚꽃이 필 때야. 대릉원을 둘러싼 돌담을 따라 벚나무가 이어져 있는데 특히 미추왕릉 주변에 벚꽃이 아름답게 피어. 또 월지의 월정교 주변에는 벚꽃과 유채꽃이 흐드러지게 피어서 사람들은 사진을 찍느라 여념이 없지.

　봄에 경주를 방문할 시기를 놓쳤다면 가을인 10월에 방문하는 것도 좋아. 매년 10월에 경주의 가장 대표적인 축제인 신라 문화제가 열리거든. 1962년부터 시작된 신라 문화제는 벌써 60년이 넘게 이어지고 있어. 번성했던 신라 문화를 재현하고 기념하는 행사가 경주 곳곳에서 열린단다.

신라 문화제의 퍼레이드 행사

신라 문화제의 전통 예술 공연

　신라 문화제는 매년 주제를 조금씩 바꾸어 열리는데, 문화 체험, 공연, 전시, 퍼레이드 등 다양한 볼거리가 있어. 그중에 '실크로드 페스타'는 동양과 서양의 교류를 기념하며 길거리에서 열리는 행사야. 이날 하루는 도로에 차가 다니지 않고, 화려한 퍼레이드와 공연이 도로 위에서 진행돼. 밤에는 월지와 월정교 주변에서 드론을 이용한 빛 공연이나 불꽃놀이가 성대하게 펼쳐지지. 아침부터 저녁까지 경주 시내가 들썩이니 축제 기간에 꼭 여행하러 와 줘.

세계의 더 많은 도시를 알고 싶어

우리 집 인절미가 이렇게 멋진 고양이였는지 몰랐다. 하루 종일
잠만 자는 줄 알았는데 전 세계 친구들을 사귀고 있을 줄이야.
인절미의 친구들 덕분에 발표 준비를 너무 잘해서 선생님과
친구들로부터 칭찬을 받고 으쓱했다.
화면으로 보는 온라인 여행도 재미있었지만, 언제가는 나도
세계의 여러 도시를 직접 여행하고 싶다. 가장 가까운 베이징에
가면 링링을 만나 만리장성부터 가야겠다. 꼭대기까지 가서 꼭
슬라이딩카를 타고 내려와야지. 그리고 시드니에 가서 로키를
만난 다음 함께 쿼카랑 셀카 찍기에 도전할 것이다.

유럽에서는 볼 것이 많은 파리와 로마에 가 보고 싶다.
에펠탑을 배경으로 인생 사진도 찍고, 사르트르가 맛있다고
했던 잠봉뵈르 샌드위치도 꼭 먹어야지. 로마에 가면 바티칸의
<최후의 심판>부터 보러 가야겠다. 벨라가 죽기 전에 꼭 봐야

할 작품이라고 했으니까. 참, 페르난도랑 추로스를 먹으려면
바르셀로나도 잊지 말고 가야겠는걸?
뉴욕에 갈 때는 메이의 추천대로 추수감사절에 맞추어 가서
재미있는 행진을 구경하고 싶다. 부에노스아이레스에 가면 탱고

공연도 직접 보고, 페로의 단골 가게에서 소고기도 먹어야겠다.
카이로에 가면 마우에게 이집트 국립박물관을 다시 한번 안내해
달라고 해야지. 고양이 미라가 어떻게 생겼는지 직접 보고 싶다.

두바이에서는 히크마가 소개했던 부르즈 할리파의 전망대에 가

보고 싶다. 아! 워터파크도 꼭 가야지.
그런데, 경주까지 열 개의 도시를 자세히 알고 나니 세계의 다른 나라와 도시에도 관심이 생긴다. 아직 잘 모르는 더 많은 도시에 대해 알고 싶다. 인절미한테 부탁해 볼까?
"인절미, 친구들 더 없어? 또 다른 도시의 친구들도 소개시켜 줘!"

바삭 쫄깃

사진 출처

12쪽 에펠탑 ⓒ Benh LIEU SONG
https://commons.wikimedia.org/wiki/File:Tour_Eiffel_Wikimedia_Commons.jpg

14쪽 귀스타브 에펠 흉상 ⓒ Fernando Losada Rodríguez
https://commons.wikimedia.org/w/index.php?curid=69525522

19쪽 바게트 ⓒ Paul Asman and Jill Lenoble
https://commons.wikimedia.org/wiki/File:Baguettes_at_the_Edgar_Quinet_market.jpg

37쪽 스페인 계단 ⓒ Diego Delso
https://commons.wikimedia.org/wiki/File:Escalinata_de_la_plaza_de_Espa%C3%B1a,_Roma,_Italia,_2022-09-14,_DD_21.jpg

59쪽 이집트 국립박물관 ⓒ Bs0u10e01
https://commons.wikimedia.org/wiki/File:The_Egyptian_Museum.jpg

83쪽 메이시스 행진 ⓒ Charley Lhasa
https://commons.wikimedia.org/wiki/File:Macy%27s_thanksgiving_day_parade_%2811105308685%29.jpg

118쪽 코알라 ⓒ Eva Rinaldi
https://commons.wikimedia.org/wiki/File:Koala_Joey_Boonda_Sydney_Wildlife_World_Darling_Harbour_(5879962504).jpg

152쪽 첨성대 ⓒ Zsinj
https://commons.wikimedia.org/wiki/File:Cheomseongdae-1.jpg

165쪽 석굴암 : 문화재청 제공

15쪽 에펠탑, 30쪽 포로 로마노, 38쪽 트레비 분수, 43쪽 탄생의 문·수난의 문, 49쪽 람블라 거리, 70쪽 자유의 여신상, 87쪽 마요 광장, 97쪽 라 보카, 98쪽 라 보카 마네킹, 100쪽 레콜레타, 128쪽 두바이 프레임, 131쪽 사막, 163쪽 3층 석탑 ⓒ 박정은